Comment penser comme
STEVE JOBS

DANIEL SMITH

MARABOUT

Titre original

How to think like Steve Jobs

Publié pour la première fois en Grande-Bretagne par Michael O'Mara Books Limited en 2013.

Traduit de l'anglais (Grande-Bretagne) par Tina Calogirou.

Pour Rosie

Sommaire

Introduction

Lorsque Steve Jobs est mort des suites d'un cancer du pancréas, le 5 octobre 2011, l'annonce de son décès a suscité une émotion sans précédent dans l'histoire de l'industrie et du commerce. La nouvelle a fait l'ouverture des chaînes de télévision et des stations de radio du monde entier, ainsi que la une d'innombrables journaux et magazines, avant d'envahir Twitter. Une multitude d'hommages – 35 millions, rien qu'en Chine ! – a été postée sur les forums Internet et les réseaux sociaux. Des figures de premier plan des milieux de la politique, des affaires et du spectacle ont diffusé des communiqués faisant état de la peine que leur causait sa disparition et de l'admiration que leur inspirait sa vie extraordinaire. Pourtant, de telles manifestations sont réservées à des icônes culturelles, comme la Princesse Diana, ou aux superstars de la musique, du théâtre et du petit ou grand écran. Reste que l'ampleur des réactions auxquelles a donné lieu le décès de Steve Jobs n'a rien d'étonnant

au regard de l'influence qu'ont eue – et que continuent d'avoir – ses réalisations sur notre existence.
Nul besoin d'être un disciple du Mac, un accro de l'iPod ou un adepte de l'iPhone pour ressentir l'impact de sa carrière sur notre quotidien. Il n'est pas exagéré d'affirmer qu'aucun des secteurs précités – qu'il s'agisse des médias, du show business, d'Internet, de la classe politique ou des milieux d'affaires – n'existerait sous sa forme actuelle sans son passage parmi nous. Car il ne les a pas seulement dotés d'outils qui ont modifié leurs méthodes de travail, il a également fait évoluer notre rapport à la technologie et nos comportements professionnels. Un tweet a parfaitement résumé cette nouvelle définition du monde par trois petites pommes : « Celle qu'Ève a croquée, celle qui a atterri sur la tête de Newton et celle que Steve a bâtie. »

« Il n'y a sans doute pas de plus bel hommage
à la réussite de Steve que le fait que beaucoup,
dans le monde, ont appris sa mort sur une machine
qu'il a lui-même inventée. »

BARACK OBAMA

ce qu'il y a de plus extraordinaire dans ces oraisons funèbres, c'est que des millions de gens, qui n'avaient pourtant jamais eu de contact personnel avec lui, se sont sentis réellement touchés par sa disparition. Tous faisaient partie de la *Team Jobs*, chacun ayant sa propre vision de ce qu'il avait représenté. Pour certains, l'homme était tout simplement un génie : un inventeur, un innovateur, un repousseur de frontières et un visionnaire – un électron libre. D'autres le voyaient comme une source d'inspiration : quelqu'un capable de repérer une bonne idée, de la métamorphoser en idée géniale, puis de la commercialiser avec un succès sans précédent. Une sorte de Barnum des temps modernes, brandissant à intervalles réguliers son tout dernier « plus grand gadget sur Terre », dont il réussissait à nous convaincre du caractère indispensable.

Pour ceux qui apprécient moins le personnage, Steve Jobs était l'archétype du tyran, un emblème du consumérisme et un plagiaire. Toutes ces opinions ont une part de légitimité. S'il paraît clair que nous parlons d'un grand homme, celui-ci n'a pas forcément toujours été exempt de tout reproche. Il ne fait, en revanche, aucun doute, qu'il s'agissait d'un être unique en son genre.

Avec Steve Wozniak, il a révolutionné l'univers de l'ordinateur individuel. En soi, ce phénomène eût été suffisant pour lui valoir une note de bas de page enviable dans l'encyclopédie historique du XXe siècle. À dire vrai, pendant un temps, on a pu croire que cet exploit constituerait effectivement sa contribution la plus importante à la planète. C'est alors que notre homme a atteint son second souffle : à compter du milieu des années 1990, il a métamorphosé le cinéma d'animation et, plus généralement, l'industrie cinématographique, en donnant son envol à Pixar. Par la suite, tandis que l'ancien monde cédait la place au IIIe millénaire, il a présidé à une période de créativité quasi miraculeuse au sein d'Apple. L'arrivée de l'iMac a donné une nouvelle jeunesse aux PC, suivie, dans la foulée et en rangs serrés, de l'iPod (qui a chamboulé l'industrie musicale), l'iPad (qui a, entre autres effets totalement impensables dix ans plus tôt, modifié notre façon de lire), enfin l'iPhone (qui, pour nombre de ses utilisateurs, est devenu une véritable « vie de poche »).

Mais, au cours de sa carrière sidérante, le plus grand exploit de Steve Jobs est peut-être d'avoir su transformer un penchant globalement ringard pour la technologie en une passion sophistiquée et sexy. Il s'est adressé au geek qui sommeillait en chacun de nous et lui a rendu sa fierté, en lui donnant l'impression qu'il s'inscrivait dans la lignée de Robin des Bois. Par ailleurs, il a compris qu'en se consacrant à l'innovation son parcours serait semé de quelques échecs. Malgré son perfectionnisme implacable, il en a accepté l'augure, à condition d'en tirer tous les enseignements pour de meilleurs résultats lors de la tentative suivante. Selon ses propres termes : « Parfois, quand vous innovez, vous commettez des erreurs. Mieux vaut les digérer rapidement et continuer à améliorer vos autres innovations. »

Introduction

À la base de toutes les entreprises de Steve Jobs se trouvait la croyance que la moindre chose possède son importance et qu'il faut la faire correctement. Bien sûr, il avait aussi réalisé que tout produit devait susciter une attirance viscérale, comme le prouve cette confidence au magazine *Fortune*, en 2000 : « Sur l'écran, nous avons conçu des boutons si beaux que vous aurez envie de les lécher. » Mais il savait également qu'aussi élégant et irrésistible soit-il, l'habillage ne servait à rien si le contenu était défectueux. Comme il le formula en 2003 : « Ce n'est pas seulement une question d'apparence et de sensation. Le design, c'est la manière dont ça marche. »

En tant que créateur de produits incontournables qui ont marqué leur époque, Steve Jobs ne peut voir son rôle se résumer à celui d'un transgresseur doté, comme le roi Midas, du pouvoir de transformer toute chose en or. Il s'agit bien davantage d'un homme qui a réécrit la totalité des règles du jeu. Il voulait, selon ses propres mots, « ouvrir une brèche dans l'univers ». De ce point de vue, il a extraordinairement réussi son coup. Examinons de plus près ses paroles et ses actes – souvent admirables, mais pas toujours – et entamons notre expédition dans le cerveau de ce personnage hors du commun.

Chronologie d'une vie extraordinaire

1955 Naissance de Steve Jobs et adoption par Paul et Clara Jobs.

1971 Jobs fait la connaissance de Steve « Woz » Wozniak.

1976 Fondation d'Apple et première présentation du Apple I.

1977 Lancement du Apple II.

1978 La petite amie de Steve Jobs, Chrisann Brennan, donne naissance à une fille, Lisa.

1980 Apple entre en Bourse et est estimée à 1,78 milliard de dollars.

1982 Le magazine *Time* dénomme l'ordinateur individuel « Machine de l'Année » et distingue Steve Jobs comme l'homme « qui a défoncé la porte et permis à l'ordinateur individuel d'entrer ».

1984 Lancement du Macintosh Apple.

1985 Steve Jobs quitte Apple et fonde NeXT.

1986 Steve Jobs rachète The Graphic Group à George Lucas. Par la suite, la société est rebaptisée Pixar.

1987 Steve Wozniak met fin à son contrat à plein temps chez Apple pour se consacrer à d'autres centres d'intérêt.

1988 NeXT présente son premier ordinateur.

1989 Le *Tin Toy* de Pixar remporte l'Oscar du meilleur court-métrage d'animation.

1990 Steve Jobs épouse Laurene Powell.

1991 Laurene Powell donne naissance à un fils, Reed.

1995 Pixar sort *Toy Story*, qui reçoit un Oscar pour contribution spéciale et génère près de 200 millions de dollars de recettes rien qu'aux États-Unis. Laurene Powell donne naissance à une fille, Erin.

1996 Apple rachète NeXT et Steve Jobs devient conseiller auprès du conseil d'administration d'Apple.

1997 Steve Jobs fait son retour chez Apple, où il devient PDG par intérim.

1998 Laurene Powell donne naissance à une fille, Eve.

2000 Steve Jobs annonce qu'il a été nommé PDG d'Apple à plein temps.

2001 Ouverture du premier Apple Store et lancement de l'iPod.

2002 *Monstres & Cie* de Pixar remporte l'Oscar de la meilleure chanson originale.

2003 Lancement du iTunes Music Store.

2004 Steve Jobs est soigné pour un cancer du pancréas. *Le Monde de Nemo* remporte l'Oscar du meilleur film d'animation.

2005 *Les Indestructibles* de Pixar reçoit deux Oscars – meilleur film d'animation et meilleur montage son.

2006 Pixar est racheté par Disney, Steve Jobs accédant au conseil d'administration de Disney. Lancement du MacBook par Apple.

2007 Apple Computer Inc. devient Apple Inc. Lancement de l'iPhone.

2008 Lancement du MacBook Air. *Ratatouille* de Pixar décroche l'Oscar du meilleur film d'animation.

2009 Steve Jobs annonce qu'il prend un congé de six mois afin de résoudre ses problèmes de santé Le magazine *Fortune* le nomme PDG de la décennie. *WALL-E* de Pixar reçoit l'Oscar du meilleur film d'animation.

2010 Lancement de l'iPad. Apple réalise un chiffre d'affaires de 65 milliards de dollars et un bénéfice de 14 milliards de dollars. Il détrône Microsoft en devenant l'entreprise de technologie la plus chère au monde. Avec *Là-haut*, Pixar remporte l'Oscar du meilleur film d'animation et celui de la meilleure musique de film.

2011 Apple est estimé à 376 milliards de dollars et devient un temps l'entreprise la plus chère au monde. *Toy Story III* de Pixar reçoit l'Oscar du meilleur film d'animation et celui de la meilleure chanson originale. Il s'agit du film le plus rentable de tous les temps, avec plus de 1 milliard de dollars de recettes dans le monde entier. Le 24 août, Steve Jobs démissionne de son mandat de PDG d'Apple. Il meurt le 5 octobre.

I

Parvenir au sommet

1.

Cultivez votre différence

« Je ne mangerai que des feuilles cueillies par des vierges à la pleine lune. »

STEVE JOBS

Compte tenu de son extraordinaire réussite financière et professionnelle, le fait que Steve Jobs ne soit pas devenu un énième « mâle-blanc-riche-d'âge mûr » en costume-cravate s'apparente à un tour de force remarquable. Il avait le don étrange de convaincre ses clients qu'ils n'étaient pas de simples vaches à lait, présentant comme seul intérêt de remplir les caisses d'une multinationale. Au contraire, il est parvenu à nous persuader qu'acheter des produits Apple constituait un pas vers l'affirmation de notre personnalité et de notre créativité. Le message semblait être le suivant : en entrant dans l'équipe Jobs, vous rejoindrez une armée de rebelles, qui font tomber les barrières.

Comment a-t-il accompli cet exploit ? Assez simplement, en réalité. Car Steve Jobs se considérait vraiment comme quelqu'un à part.

Des débuts difficiles

Dès sa naissance, le 24 février 1955, Steve Jobs s'est trouvé en marge de la norme. Son père d'origine syrienne, John Jandali, ainsi que sa mère, la fraîche Joanne Schieble, étaient tous deux étudiants. Le papa de la jeune fille n'appréciant guère ses égarements, il fit adopter le bébé – mais la première famille adoptive se désista aussitôt. Enfin, Steve fut accueilli par Clara et Paul Jobs, un couple adorable aux moyens matériels limités, mais aux réserves d'amour immenses.

Un coup de chance

Si les premiers pas du jeune Steve furent difficiles, son adoption par les Jobs représenta son premier gros coup de chance. Ses nouveaux parents s'employèrent à lui offrir ce qu'il y avait de mieux, en s'organisant notamment pour qu'il puisse faire des études, alors qu'eux-mêmes n'avaient pu le faire. Outre les restrictions et les sacrifices qu'il s'imposa pour payer l'entrée de son fils à l'université, Paul transmit à Steve une passion redoutable pour les gadgets et machines en tous genres. Grand amateur de voitures, Paul consacrait l'essentiel de son temps libre à réparer de vieilles automobiles qu'il revendait ensuite. Lorsque Steve fut assez grand, son père lui enseigna comment démonter une machine et la remonter, sans savoir que ces compétences se révéleraient précieuses.

Formation

Si la vie de famille de Steve fut assez stable, il cultiva sa différence hors de chez lui. Malgré des capacités intellectuelles indéniables, il accumula les problèmes de discipline à l'école. Un jour, à l'occasion de la remise des diplômes, il projeta de déployer une banderole sur laquelle lui et ses amis avaient tracé un dessin plutôt injurieux à l'égard des élèves – un dessin qu'ils avaient d'ailleurs signé. Avec la puberté, ce sentiment d'être à part ne fit que croître ; l'enfant se mua en adolescent angoissé, à la tignasse hirsute – un phénomène assez ordinaire, mais que Steve Jobs traînera jusqu'à ses études supérieures.

Ayant presque épuisé les économies de ses parents pour entrer au Reed College de Portland, dans l'Oregon (une université réputée pour son programme en « arts libéraux », c'est-à-dire, en quelque sorte, les « humanités »), il s'y forgea auprès de ses camarades une réputation d'anticonformiste un peu bizarre. Il se jeta à corps perdu dans la contre-culture qui s'était emparée de la société américaine à la fin des années 1960 et au début des années 1970 – expérimentant au passage diverses drogues –, explora la spiritualité et travailla dans ce qui n'était ni plus ni moins qu'un verger de pommiers communautaire. Il finit par abandonner la fac.

Expérimentations

Steve Jobs se mit à lire des ouvrages sur l'hygiène alimentaire qui l'incitèrent à adopter un menu fruitarien – une sorte de végétalisme extrême, autorisant uniquement des repas à base de fruits, de noix, de graines, etc. Porté tout au long de sa vie sur les régimes en vogue (il déclarera plus tard – en toute humilité – à Walter Isaacson, son biographe, ne vouloir manger que « des feuilles cueillies par des vierges à la pleine lune »), il traversa diverses phases durant lesquelles il se nourrit exclusivement d'un certain type d'aliments, comme des pommes ou des carottes. Il s'imposa aussi des périodes de purge et de diète.

Steve Jobs croyait dur comme fer que de telles pratiques permettaient d'éliminer toute odeur corporelle, ce qui n'était malheureusement pas le cas – un inconvénient que ses collègues durent lui signaler au début de sa carrière.

Premiers pas dans l'entreprise

Même lorsqu'il commença à travailler chez Atari, Steve Jobs continua de ne suivre que sa propre loi. Outre les effluves désagréables qu'il traînait après lui, il se refusait avec obstination à coiffer sa longue chevelure bouclée et prit l'habitude, dans les premiers temps, de déambuler dans des vêtements pour le moins décontractés, en général pieds nus. Un peu plus tard, il ferait d'ailleurs perdre à Apple l'un de ses premiers investisseurs en plaçant lesdits pieds sur le bureau de celui avec qui il devait parler affaires. De plus, il développa un goût prononcé pour un type de soins des pieds tout à fait spécial, qui consistait à les placer dans la cuvette des toilettes avant de tirer la chasse d'eau…

Si Steve Jobs pouvait se dépeindre comme un homme à part, c'est qu'il en était bien un. Jusqu'à la fin, il fut convaincu qu'il se situait en marge et que cette position lui donnait la capacité de développer des points de vue personnels. Nul besoin de se gaver de baies ni de négliger le déodorant pour cultiver vous aussi votre différence. Mais dans un monde qui, en général, incite les gens à obéir à la norme, la vie de Steve Jobs offre une illustration pratique des avantages qu'il y a à cultiver sa dissidence.

2.

Suivez votre route

« Par-dessus tout, ayez le courage de suivre
votre cœur et votre intuition. »

STEVE JOBS

La propension de Steve Jobs à rester en marge du commun des mortels l'a amené à développer une philosophie à sa mesure. Alors que certaines de ses excentricités de jeunesse (mais aussi, en certaines occasions, de l'âge adulte) peuvent sembler délibérément outrancières voire un peu complaisantes, sa détermination à adopter des idées neuves et à contre-courant lui donneront l'avantage pendant toute sa carrière professionnelle. Ce sentiment d'être différent lui a ménagé l'espace nécessaire à une réflexion libre et non conventionnelle.

À cet égard, son choix du Reed College est assez révélateur. Le choix de la plupart de ses contemporains pour l'université de Californie ou d'autres écoles publiques moins onéreuses n'était pas assez bien pour lui. Malgré l'effort financier imposé à ses parents (des parents qui, rappelons-le, avaient fait le serment de l'envoyer à la faculté), il était déterminé à entrer à Reed, qui avait la réputation de former des étudiants libres-penseurs et indépendants.

Une fois là-bas, il s'employa à comprendre qui il était. C'est dans ce cadre qu'il expérimenta les effets psychotropes du LSD – une expérience dont il dira plus tard qu'elle fut l'une des plus décisives de son existence. C'est également à l'université qu'il entreprit de découvrir le « sens de la vie », lors de discussions interminables avec ses amis, et devint le hippie typique, pourfendeur de la guerre au Viêt Nam et adorateur de Dylan, avec un penchant prononcé pour une littérature sur « l'âme, l'esprit et le corps », en particulier tous les ouvrages prétendant lui révéler les secrets du bouddhisme zen.

Peut-être de manière prévisible, ce mode de vie finit par pénaliser ses résultats universitaires et il abandonna ses études dès la fin du premier semestre. Le coup, qui fut sans doute rude pour ses parents, entama certainement la confiance qu'il avait en lui – ne serait-ce qu'en raison du sacrifice qu'il avait exigé d'eux pour une issue si décevante. Mais cette décision apparaît plutôt comme une étape importante dans son évolution vers l'âge adulte, au même titre que son extravagance suivante – un voyage en Inde, sac au dos.

Ce voyage – dont une grande partie accomplie avec un ami de faculté – se révéla un véritable rite de passage : Steve Jobs se coupa les cheveux, découvrit qu'il souffrait de sérieux problèmes d'estomac, rencontra un ou deux gourous et, surtout, s'éclata. Au bout de quelques mois, il rentra en Californie. S'il échoua peut-être dans sa tentative pour se trouver, l'intensité de cette expérience renforça certaines idées, découvertes dans la littérature bouddhiste dont il était si friand. Selon ses propres mots, il y apprit « le pouvoir de l'intuition et de la sagesse tirée de l'expérience ». En clair, dans le droit fil de l'enseignement zen, il tendit à valoriser l'expérience personnelle plutôt que la compréhension intellectuelle.

Dans les années à venir, cette volonté de faire confiance à son instinct, quand d'autres auraient choisi rationnellement un chemin différent, contribuerait largement à le distinguer sur le marché très concurrentiel de la technologie.

« Steve était l'un des plus grands innovateurs américains – assez courageux pour penser autrement, assez audacieux pour croire qu'il pouvait changer le monde et assez talentueux pour y parvenir. »

BARACK OBAMA

COMMENT LIRE COMME STEVE JOBS

Un coup d'œil à la bibliothèque de Steve Jobs donne un excellent aperçu de ses sources d'inspiration et de sa philosophie. L'homme était très certainement un grand lecteur. Platon, par exemple, fut l'un de ses auteurs favoris, peut-être parce qu'il était l'un des pères fondateurs de la philosophie occidentale et qu'il partageait avec lui une passion égale pour les arts et les sciences.

Parmi les autres classiques de cette bibliothèque se trouve *Le Roi Lear* de William Shakespeare, qui offre une description saisissante de ce qui peut mal tourner lorsqu'on perd le contrôle de son empire – une histoire forcément édifiante pour tout aspirant PDG. Steve Jobs était aussi un grand admirateur du *Moby Dick* d'Herman Melville, probablement la plus remarquable dissection de l'âme humaine de la littérature américaine. La poésie de Dylan Thomas l'attirait tout autant pour l'originalité de son style et sa touche résolument populaire. Il se peut qu'il ait aussi été sensible à la réputation tapageuse du poète, chèrement gagnée au cours d'une série de tournées aux États-Unis.

Voici une sélection d'autres ouvrages dont nous savons que Steve Jobs les appréciait.

- *Sans viande et sans regrets. Un régime alimentaire pour une petite planète*, de Frances Moore Lappé

(1971). Un livre vendu à des millions d'exemplaires, qui encourage le lecteur à pratiquer un régime alimentaire à la fois bon pour lui-même et pour la planète. Cet ouvrage incita Steve Jobs à cesser de consommer de la viande.

- *Be Here Now*, de Richard Alpert (1971). Livre culte du mouvement hippie, ayant même inspiré une chanson à George Harrison. Baba Ram Dass (l'autre nom sous lequel l'auteur se fit connaître) y développe ses théories sur la spiritualité, la méditation et le yoga.
- *Autobiographie d'un yogi*, de Paramahansa Yogananda (1946). Ce livre détaille les aventures spirituelles de l'auteur, d'origine indienne, au cours d'une vie partagée entre les mystères de l'Orient et de l'Occident. Steve Jobs aurait lu cet ouvrage (considéré comme l'un des cent guides spirituels incontournables du XXe siècle dans une enquête menée par l'éditeur HarperCollins) une fois par an après l'avoir découvert à l'adolescence.
- *La Conscience cosmique*, du Dr Richard Maurice Bucke (1901). Un classique de l'introduction à la conscience cosmique, basé sur l'expérience mystique personnelle de son auteur dans les années 1870. Celui-ci y dépeint l'univers comme une présence vivante plutôt qu'une

matière inerte et explore la conscience des animaux et de l'humanité au sens large.

- *Méditation et action*, de Chögyam Trungpa (1969). Un guide sur la méditation bouddhiste par un maître tibétain, à la fois destiné aux néophytes et aux praticiens expérimentés. L'auteur y explique la manière dont les différents états classiquement associés à la méditation – la clairvoyance, la discipline, l'énergie, la générosité, la patience et la sagesse – permettent à l'individu d'affronter les épreuves de la vie.
- *Pratique de la Voie tibétaine. Au-delà du matérialisme spirituel*, de Chögyam Trungpa (1973). Réalisé à partir d'une série de conférences données par l'auteur en 1970 et 1971, ce livre analyse comment la poursuite consciente du spiritualisme peut anéantir la véritable connaissance de soi.
- *Le Système de guérison du régime sans mucus. La méthode scientifique pour croquer la santé à pleines dents*, d'Arnold Ehret (1922). Un manuel qui prétend démontrer l'impact d'un régime alimentaire sur la santé voire sur la guérison de maladies considérées comme incurables. L'auteur y recommande la consommation d'aliments « sans mucus », à savoir les fruits, les plantes et les légumes sans amidon. Ce

livre a profondément influencé les habitudes alimentaires de Steve Jobs.

- *Santé et guérison par le jeûne*, d'Arnold Ehret (1926). Autre ouvrage incitant à une transition progressive vers le type de régime présenté ci-dessus.
- *The Whole Earth Catalog*, de Stewart Brand, édité entre 1968 et 1972 (même si des éditions ont été publiées épisodiquement jusqu'en 1998). Ce livre renseignait les partisans de la contre-culture sur les endroits où ils pouvaient dénicher des outils et des savoir-faire. Steve Jobs le décrivait comme « l'une des bibles de [sa] génération » et « une sorte de Google en livre de poche, trente-cinq ans avant l'apparition de Google ». L'un des slogans de la dernière édition le marqua spécialement : « Restez insatiable, restez fou. »
- *Esprit zen, esprit neuf*, de Shunryu Suzuki (1970). Une compilation d'enseignements par un moine zen qui dirigea un centre spirituel à Los Altos. Cet ouvrage encourage à fuir l'intellectualisme et est aujourd'hui largement considéré comme un classique du genre.

3.

Rencontrez les bonnes personnes

« L'innovation naît de la rencontre de gens qui se croisent dans les couloirs ou qui s'appellent à 22 h 30 à propos d'une idée nouvelle, ou parce qu'ils ont pensé à une manière vraiment décoiffante d'aborder un problème. »

STEVE JOBS

Soyez au bon endroit au bon moment

S'agissant de sa carrière, Steve Jobs a eu l'avantage d'être au bon endroit au bon moment, puisqu'il a grandi dans la vallée de Santa Clara, en Californie. Dès les années 1970, cette région s'était forgé une notoriété sous le nom de Silicon Valley du fait du grand nombre d'entreprises de technologie qui s'y étaient installées au cours de la décennie précédente. (Ce nom vient des transistors en silicium – *silicon* –, indispensables au microprocesseur moderne.) De nombreuses sociétés entretenaient des liens étroits avec Stanford, cette université de la Ivy League située à proximité. Comme l'écrira Timothy J. Sturgeon, du Massachusetts Institute of Technology, en 2000 : « Le fil conducteur le plus évident qui traverse le passé et le présent de la [Silicon] Valley est peut-être l'envie de "s'amuser" avec une technologie nouvelle qui, adossée à un solide diplôme d'ingénieur et canalisée par une gestion habile, a grandement contribué à la création du générateur d'idées de niveau industriel que l'on peut aujourd'hui observer dans la [Silicon] Valley. »

Cela dit, si Steve Jobs n'avait pas été déjà sur place, il est vraisemblable qu'il aurait fini par en trouver spontanément le chemin. Et même si sa présence dans la Silicon Valley, à cette période précise, a certainement constitué un hasard heureux, c'est à Jobs qu'il revient d'avoir su tirer parti de la situation. Le simple fait d'être là n'était pas plus un gage de réussite dans le secteur de la technologie que celui d'habiter Hollywood n'est la garantie d'un Oscar.

Faites-vous des amis qui sont sur la même longueur d'onde

Un détail décisif : dès son plus jeune âge, Steve Jobs a attiré des individus dotés d'un état d'esprit comparable au sien, qui l'aideront à développer ses centres d'intérêt, ses compétences et ses idées. Au lycée tout d'abord, il se lia d'amitié avec Bill Fernandez et, ensemble, ils passèrent des heures à discuter des grandes questions de la vie et à entreprendre des projets scientifiques. Fernandez rejoignit l'équipe d'Apple à ses tout débuts, mais il restera surtout dans l'histoire pour avoir présenté Steve Jobs à Steve Wozniak.

Ce dernier, geek pur jus, rêvait déjà au début des années 1970 des plans de son propre ordinateur en compulsant des manuels, en griffonnant des plans et en bricolant des cartes électroniques. Tout comme Steve

Jobs, Wozniak apprenait sur le tas et se fichait pas mal de commettre quelques erreurs en chemin. Bien qu'ils soient très différents à d'autres égards, les deux garçons formaient un excellent tandem, chacun poussant l'autre à affronter de nouveaux défis. Cet aspect sera développé plus tard.

À l'université, Steve Jobs se fit d'autres amis, qui allaient jouer un rôle dans l'histoire d'Apple, en particulier Daniel Kottke. Le duo partagerait de joyeux moments durant le bref passage de Jobs à Reed, ainsi que lors de l'aventure indienne, si décisive dans la formation de leur personnalité. À l'instar de Fernandez, Kottke deviendrait quelques années plus tard l'un des premiers employés d'Apple.

Posez des questions

Un autre homme eut une influence importante sur Steve Jobs : un employé d'Hewlett-Packard, ce poids lourd de la technologie implanté de longue date dans la Silicon Valley. Ingénieur de formation, Larry Lang vivait à deux pas de la maison du jeune Steve Jobs et prit le garçon sous sa protection. Mentor des premiers temps, il allait nourrir sa passion pour la technique.

Entre autres enseignements, Larry Lang initia son disciple aux merveilles des Heathkits, des appareils électroniques à monter soi-même, produits par la Heath

Company, une société basée dans le Michigan depuis 1947. Destinés à des passionnés voulant fabriquer leur propre récepteur de télévision, leur radioréveil voire leur ordinateur personnel, ces kits démystifiaient le monde des résistances, des condensateurs, des tubes à vide et autres transformateurs. Pour un esprit jeune et curieux, ils représentaient un véritable trésor de possibilités. Lorsque Steve Jobs fut un peu plus vieux, Larry Lang lui ouvrit également la porte du club des explorateurs de Hewlett-Packard, qui se réunissait une fois par semaine à l'occasion d'exposés effectués par des ingénieurs. Ce fut au cours de l'une de ces réunions que le futur patron d'Apple, qui avait alors douze ans, posa les yeux pour la première fois sur un prototype d'ordinateur personnel.

Quand les bonnes personnes ne venaient pas à lui naturellement, Steve Jobs avait assez d'aplomb pour aller à leur rencontre. Loin de faire l'unanimité auprès de son entourage (à l'école notamment, peut-être pour masquer une certaine timidité, cet enfant tranquille et renfermé, attiré par la poésie et les puces électroniques, pouvait parfois paraître arrogant et autoritaire), il développa une forme de culot, qui allait souvent lui donner l'avantage, en lui conférant une assurance apparente au moment opportun.

L'une de ses expériences de jeunesse en fournit une bonne illustration. À la suite d'une séance du club des explorateurs, Steve Jobs entreprit de construire un compteur de fréquence, mais il lui manquait certaines pièces essentielles produites par HP. Décidant d'attaquer le problème à la base, il se débrouilla pour obtenir les coordonnées personnelles de Bill Hewlett, fondateur de la société, et téléphona à cette légende vivante de la Silicon Valley chez lui. Là où d'autres correspondants indésirables se seraient fait éconduire sans ménagement, Steve Jobs conversa une vingtaine de minutes avec le grand homme. Quand ils se dirent au revoir, le jeune homme avait non seulement obtenu l'assurance de recevoir les pièces nécessaires à son compteur, mais il avait en plus décroché un stage d'été – une opportunité pour laquelle d'autres auraient tué père et mère.

Constituez un réseau

Dès son plus jeune âge, Steve Jobs témoigna d'une aptitude naturelle à repérer les gens qui pourraient lui être utiles, puis à tisser des liens avec eux, ainsi qu'une volonté farouche à se constituer un réseau. Durant toute sa carrière, il resta convaincu que le chemin vers le sommet ne pouvait s'accomplir seul. Pour lui, les réalisations les plus géniales ne pouvaient (à de très rares exceptions près) qu'être le fruit d'équipes composées d'individus de talent, partageant une vision et travaillant dans un environnement propice.

« La technologie n'est rien. Ce qui est important,
c'est d'avoir foi en des gens qui sont globalement bons
et intelligents, et si vous leur en donnez les moyens,
ils accompliront des choses merveilleuses. »

STEVE JOBS

LE MAGICIEN WOZ

S'il semble acquis que Steve Jobs mérite légitimement une place au panthéon des grandes figures modernes de la technologie et des affaires, la plupart des gens s'accordent à penser qu'il ne se serait sans doute jamais lancé sans le génie d'un tout autre genre que celui de Steve Wozniak, à peine plus âgé. La chance n'est vraisemblablement pas étrangère à cette union qui allia la virtuosité technique de Woz à l'énergie incroyable de Jobs, à son ambition hors du commun et à son intuition infaillible des attentes du public. La contribution exceptionnelle de ce grand duo à l'histoire industrielle justifie qu'une page ou deux soient consacrées à la carrière personnelle de Woz.

Stephen Wozniak est né le 11 août 1950 à San José, en Californie. Comme Jobs, il a grandi dans la vallée de Santa Clara. Son père travaillant pour la société Lockheed (sans doute l'entreprise aéronautique américaine la plus célèbre de l'époque, étroitement impliquée dans les projets technologiques les plus révolutionnaires et les plus top secret de la Guerre froide), il n'est pas étonnant que le jeune Woz ait développé une telle fascination pour l'électronique.

À l'instar de Steve Jobs, le garçon était intelligent et doté d'un réel potentiel, mais il s'ennuyait à l'école et passait de longues heures à bricoler des machines comme des calculateurs et des radios. En 1968, il s'inscrivit à l'université du Colorado, où il ne resta qu'un an en raison de difficultés financières chroniques. Il étudia une année encore au DeAnza Community College de Cupertino, avant d'en prendre congé pour financer une année d'étude à Berkeley, qu'il finit également par abandonner. Il retourna alors dans la Silicon Valley pour entrer chez Hewlett-Packard.

À cette époque, sa route avait déjà croisé celle de son futur associé, que Bill Fernandez lui avait présenté. Les deux Steve scellèrent leur amitié lorsque Jobs accepta le stage d'été que lui avait proposé Bill Hewlett et au cours des séances du Homebrew Computer Club – un groupe formé de passionnés d'ordinateur qui commença à se réunir officiellement en 1975, en général dans le garage de l'un de ses membres.

Pour Woz, cette année 1975 représenta une sorte d'*annus mirabilis*, en particulier du fait du lancement du MITS Altair 8800, un micro-ordinateur à réaliser soi-même à partir d'un kit. Aujourd'hui, l'apparition de cette machine est largement considérée comme l'une des étincelles ayant allumé la révolution de l'ordinateur individuel. Malheureusement pour Woz, à l'époque, le matériel de base coûtait 439 dollars, cette somme rondelette augmentant de plusieurs centaines de dollars avec l'achat de toutes les autres pièces indispensables. Mais cet écueil eut un effet bénéfique, puisqu'il l'incita à se concentrer sur la construction de sa propre machine, avec pour résultat la conception du Apple I, l'ordinateur qui donna naissance à Apple Computer, Inc.

De son propre aveu, Woz rêvait de devenir un grand ingénieur informatique plutôt qu'un chef d'entreprise. Il n'avait pas l'ambition insatiable qui motivait Steve Jobs, et consacra l'essentiel de sa nouvelle fortune à explorer d'autres centres d'intérêt personnels. Parmi ceux-ci, le destin voulut que ce fils d'ingénieur de chez Lockheed soit un passionné d'aviation. En février 1981, le petit engin qu'il pilotait s'écrasa peu après son décollage de l'aéroport de Sky Park, dans la Scotts Valley. Lui-même et ses trois passagers s'en sortirent avec des blessures qui, en ce qui concerne Woz, bouleversèrent le cours de sa vie, lui causant notamment des troubles de mémoire importants.

Ce n'est qu'en 1983 que Woz reprit son poste à plein temps chez Apple, après s'être entre-temps essayé à l'organisation d'un festival consacré à la technologie. En 1985, la contribution spectaculaire des deux Steve à la révolution informatique fut reconnue lorsque le président Ronald Reagan leur décerna le National Technology Award. Un an plus tard, Woz finit par obtenir son bachelor's degree en informatique et ingénierie électrique de l'université de Berkeley, même s'il y a fort à parier qu'à ce stade il aurait pu apprendre à ses professeurs deux ou trois choses dont eux-mêmes n'avaient pas la moindre idée. Pour preuve de sa répugnance à se faire mousser, Woz s'inscrivit à la faculté sous le nom de Rocky Clark – Rocky étant le nom de son chien et Clark le nom de jeune fille de sa femme.

À l'aube de 1987, Woz était prêt à changer de vie et mit fin à son contrat à plein temps avec la société qui lui avait valu une fortune si considérable et une réputation internationale (même si Jobs s'était affirmé comme le « visage » de l'entreprise). Quoi qu'il en soit, Wozniak fait, encore à ce jour, partie des effectifs officiels de la société dont il tire une rente assez modeste – même si elle se chiffre en millions.

Dans les années qui suivirent, Woz se lança dans une série de nouveaux projets. Ainsi, il travailla à la réalisation d'une télécommande programmable, dont il espérait qu'elle révolutionnerait le marché, développa des applications dérivées des avancées sur le GPS, alors en plein essor, et s'intéressa également à des entreprises de télécommunications et d'archivage de données. En parallèle, il cofonda l'Electronic Frontier Foundation, dont la vocation est de promouvoir des technologies qu'elle estime de nature à garantir les libertés individuelles, et de défendre les utilisateurs de ces technologies, dans l'hypothèse où ceux-ci feraient l'objet de poursuites pénales injustes ou sans fondement.

Woz, qui se maria à quatre reprises et eut trois enfants, évita toujours les feux de la rampe que Jobs recherchait tant, et vécut comme un fardeau la plupart des attributs que lui valut son statut d'immense innovateur de son époque. Reste qu'il fut au cœur d'une véritable révolution technologique et que peu d'entre nous ont une telle opportunité de laisser leur empreinte dans l'histoire. Le sous-titre de sa biographie, *iWoz*, parue en 2006, constitue sans doute le meilleur résumé de son parcours : *Du geek à l'icône. Comment j'ai inventé l'ordinateur personnel, cofondé Apple et pris du bon temps en le faisant.*

4.

Tirez parti de vos expériences

« Avant, nous rêvions à ces trucs. Et voici maintenant que nous les construisons. C'est plutôt chouette. »

STEVE JOBS

Quelles que soient ses erreurs, il paraît impossible de reprocher à Steve Jobs une quelconque pusillanimité : l'homme prenait la vie à bras le corps, s'engageant pleinement dans des expérimentations dont il pouvait ensuite tirer parti pour ses entreprises. Il parlait souvent de l'importance de se confronter aux plus belles réalisations humaines afin d'exploiter ces expériences pour nos propres projets. Ainsi, il souligna que l'équipe qui avait mis au point le Mac n'était en aucun cas composée de super geeks obsédés par l'électronique, mais d'individus différents, aux profils très divers – musiciens, poètes, artistes, zoologues et historiens –, qui étaient également, par le plus grand hasard, les meilleurs experts en informatique du monde.

D'ailleurs, s'agissant des super geeks – dont la Silicon Valley ne manque pas –, Steve Jobs critiquait volontiers leur manque d'ouverture. Dans une large mesure, sa philosophie s'appuyait sur l'idée que les expériences forment un réseau de points que nous relions pour tracer notre route dans la vie, un faible nombre de points produisant, estimait-il, un parcours assez rectiligne. Or, quel que soit le domaine considéré, Steve Jobs ne croyait pas aux approches trop directes. Pour lui, l'intérêt du périple jouait un rôle essentiel dans la découverte de la meilleure destination. Et pour dénicher les collaborateurs avec lesquels il souhaitait travailler au sein d'Apple, il recherchait des individus ayant roulé leur bosse, la richesse de leur vécu se traduisant par une meilleure compréhension de leur environnement. Il pensait que cela était indispensable pour imaginer des solutions aux problèmes – techniques ou non – que rencontraient les « vrais » gens.

Cette foi en la valeur de l'expérience personnelle a profondément marqué sa trajectoire. Tout jeune lycéen, l'œil déjà rivé sur la Silicon Valley, Steve Jobs décrocha un petit boulot à temps partiel dans un magasin de composants électroniques. Cette activité lui procura non seulement un revenu régulier, mais elle lui permit également de se familiariser avec le secteur qu'il avait choisi. Mieux encore, cet emploi l'initia aux subtilités du commerce et à l'importance de la rentabilité. Bientôt, il se mit lui-même à acheter des composants électroniques auprès d'un autre fournisseur afin de les revendre à son propre patron, moyennant un petit bénéfice, avant d'aider ce dernier à les commercialiser auprès de sa propre clientèle pour un profit encore plus grand.

Après avoir quitté le Reed College, il aurait pu se laisser aller à l'oisiveté, mais ce fut loin d'être le cas. Au contraire, il exploita cet intermède de multiples manières, totalement inattendues. Bien qu'il eût officiellement arrêté ses études, il continua d'assister aux cours qui l'intéressaient, en particulier un cours de calligraphie. À l'époque, Steve Jobs avait remarqué que certaines affiches dispersées sur le campus attiraient beaucoup moins l'œil que d'autres. Il décida donc d'en savoir plus sur le pouvoir des différentes polices de caractères. Il ne savait pas encore à quoi cet enseignement lui servirait dans son avenir, mais il y puisa des informations qu'il mit brillamment à profit des années plus tard, lors de la conception du Mac. Celui-ci allait ouvrir des possibilités graphiques immenses à ses utilisateurs, qui n'avaient sans doute jamais imaginé s'intéresser un jour à de tels détails. La publication assistée par ordinateur (PAO) que le Mac a contribué à lancer doit beaucoup à ce cours de calligraphie auquel Jobs assista dans l'Oregon, au début des années 1970.

5.

Ne lâchez rien

« Votre temps est compté, alors ne le gaspillez pas à vivre la vie d'un autre. Ne laissez pas le vacarme des opinions des autres étouffer votre voix intérieure. »

STEVE JOBS

Steve Jobs n'eut pas toujours une vie facile, depuis son arrivée chaotique sur Terre jusqu'à son éviction de l'entreprise qu'il avait fondée, en passant par l'abandon de ses études – sans compter une santé fragile qui finirait par avoir raison de lui. Mais, lors de toutes ces épreuves, il révéla un mental de battant. Inépuisable, sa capacité d'adaptation lui permit de se sortir de toutes ces ornières pour tracer sa route vers de nouveaux sommets.

Ayez toujours un plan

Quand le jeune Jobs quitta le Reed College au bout d'un semestre, il n'avait aucun plan précis. Pourtant, il en vint à considérer cet évènement comme l'un des moments charnières de sa vie, le contraignant à trouver une solution pour s'en sortir. Il resta dans l'Oregon où il dormit, à même le sol, chez plusieurs camarades, jusqu'à ce qu'il eût épuisé leur hospitalité, vivant des quelques dollars que lui rapportait la consigne de bouteilles de soda. Pour se maintenir à flot, il se trouva un boulot sans grand intérêt de maintenance des appareils électroniques utilisés par le département de psychologie de la fac pour ses expériences. Mais il découvrit vite que la vente de « blue boxes » était un commerce bien plus lucratif.

Il s'était lancé dans ce petit business avec son copain Woz en 1971, soit un an auparavant, et cette affaire leur rapporta des profits appréciables. Elle n'avait qu'un seul inconvénient : elle était illégale. La « blue box » avait été inventée par des hackers pour permettre aux gens de passer des appels téléphoniques gratuitement. Woz et Jobs l'avaient lu dans un magazine et, jamais à court d'ingéniosité, avaient entrepris d'en construire leur propre version. Pour s'amuser, ils l'avaient même testée en téléphonant au pape, à qui ils avaient bien failli parler, en se faisant passer pour Henry Kissinger.

Avec un peu de bricolage et un approvisionnement judicieux, le tandem infernal fut capable de produire, pour un coût de 40 dollars, une boîte qu'ils revendaient 300. Au vu de telles marges, rien d'étonnant à ce que Steve Jobs ait été tenté de persévérer dans le commerce. Autre conséquence plus inattendue : cet épisode un peu louche fit accepter Jobs et Woz par certains membres de la communauté des hackers, pour lesquels ils devinrent, pendant de nombreuses années, le « visage tolérable » de la Silicon Valley. On a même avancé que les liens qu'ils avaient tissés à cette époque avec des individus qui s'inscrivaient dans la mouvance de John Draper (lequel se faisait alors appeler « Captain Crunch » et était considéré comme le cerveau de la « blue box ») protégèrent longtemps Apple des raids de hackers.

Sans vouloir cautionner ce comportement moralement douteux, cet épisode illustre la volonté de Steve Jobs à tirer le meilleur parti des situations difficiles, quitte à trimer pour y parvenir. Dans le même esprit, ayant découvert le moyen de profiter de l'université – même s'il n'y était plus officiellement inscrit –, il en fit bon usage. Ainsi, il sut attirer l'attention du doyen de la fac qui, impressionné par sa curiosité et sa vivacité intellectuelle, l'autorisa à assister en candidat libre à quelques cours – comme celui de calligraphie...

Campez sur vos positions

De retour dans la Silicon Valley, Steve Jobs fit preuve d'une même ténacité pour obtenir l'un de ses premiers boulots. Atari était encore une toute jeune société qui produisait des jeux d'arcade tels que le Pong, basé sur le tennis, et Jobs voulait y travailler afin de se constituer un pécule pour son voyage en Inde. Plus déterminé que jamais, il se présenta dans les bureaux de l'entreprise et refusa tout bonnement d'en sortir avant d'avoir obtenu une offre d'embauche – un tour de force particulièrement ambitieux pour un postulant qui n'avait rien du cadre dynamique en costume-cravate, puisqu'il était au contraire dans sa phase négligée et malodorante ! Pourtant, au bout du compte, il parvint même à convaincre son nouvel employeur de participer à ses frais de voyage : la société lui paya son billet d'avion jusqu'en Allemagne, à condition qu'il y reste quelques jours pour résoudre un problème dans la succursale.

« C'était un grand homme, étonnamment
brillant, qui a fait des choses incroyables.
Il avait toujours l'air de pouvoir exprimer en
quelques mots ce que vous auriez dû penser,
avant même que vous ne le pensiez. »

LARRY PAGE

6.

Soyez paré à toute éventualité

« L'innovation est ce qui distingue un leader d'un suiveur. »

STEVE JOBS

Partagez ce qu'il faut…

Lorsque Steve Jobs se lança dans la réalisation de son dessin injurieux, lors de la remise de diplômes (voir chap. 16), sans doute pensait-il faire un coup retentissant. Mais sa farce tomba à plat quand la banderole fut déroulée trop tôt par l'un de ses camarades qui avait entendu le lycéen se vanter de sa mauvaise blague. L'épisode lui enseigna une leçon importante : ne jamais faire de vagues avant d'être prêt à sortir de l'ombre.

Dans les premiers temps de leur amitié, il prit soin de transmettre ce message à Woz. Plusieurs découvertes sur les microprocesseurs avaient donné la possibilité à des petits génies comme Woz de construire eux-mêmes un véritable ordinateur personnel – un rêve qui se précisa avec l'apparition de l'Altair 8800. Or, Woz brûlait de partager chaque étape de ses progrès avec les membres du Homebrew Computer Club, cette (quasi) communauté dont le mot d'ordre était : « Aidez les autres. » D'autant que le garçon avait fini par trouver le moyen de raccorder sa machine à un moniteur et à un clavier, c'est-à-dire un système possédant tous les attributs de l'ordinateur individuel moderne. Son envie d'impressionner ses camarades devait par conséquent être à son comble. Mais Jobs intervint pour le convaincre de ne rien dévoiler. Il lui proposa un compromis : pourquoi ne pas vendre quelques circuits imprimés aux membres du Homebrew et les laisser construire eux-mêmes leurs propres machines ? En pratique, ce fut le germe à partir duquel la société Apple prospéra. Si Steve Jobs ne l'en avait pas dissuadé, Woz aurait sans doute révélé sans contrepartie le coup d'avance qu'ils avaient sur leurs concurrents.

... mais gardez vos secrets

Pendant toute sa carrière, Steve Jobs resta obnubilé par le sens du secret. D'ailleurs, certains ont estimé qu'il poussait cette obsession un peu trop loin. L'année 2010 connut une triste série d'évènements, qui débuta par le vol du prototype de l'iPhone 4 dans un bar. L'objet finit par atterrir entre les mains d'un journaliste, Jason Chen, rédacteur du blog technologique Gizmodo, ce qui provoqua la fureur de Steve Jobs. L'appartement de Chen fut perquisitionné par la police, qui pénétra dans les lieux en défonçant la porte. Certains critiques s'émurent de tels excès et suggérèrent que Jobs aurait dû se montrer beaucoup plus irrité par la manière dont le précieux gadget avait été perdu que par le fait que des journalistes ne fassent, en définitive, que leur boulot. Mais Steve Jobs ne baissa pas pavillon et déclara à AllThingsD.com : « Lorsque toute cette histoire avec Gizmodo a éclaté, beaucoup de gens m'ont donné le conseil suivant : "Laisse courir. Ne t'en prends pas à un journaliste, parce qu'il a acheté un bien volé et essayé de te soutirer de l'argent." J'y ai beaucoup réfléchi et j'ai fini par en conclure que la pire des choses qui pouvait arriver, à un moment où nous prenons de l'importance et où notre influence croît dans le monde, c'était que nous modifiions nos valeurs fondamentales en "laissant courir". Je ne peux pas faire ça. Je préfèrerais encore démissionner. »

Outre son indignation légitime concernant ce vol et la colère suscitée par le refus de Gizmodo de rendre le prototype, le message sous-jacent était clair : Steve Jobs accordait énormément d'importance au secret et n'hésiterait pas à poursuivre tous ceux qui oseraient y contrevenir.

La débâcle de l'iPhone 4 mit aussi en évidence les relations souvent tendues que l'homme entretenait avec les journalistes. En tout cas, ce n'était pas la première fois qu'un représentant du quatrième pouvoir l'accusait de manœuvres brutales. Très soucieux de son image, il refusait en général les interviews, à moins qu'elles ne coïncident avec le lancement d'un produit et s'accompagnent de la garantie d'une couverture médiatique pour le tout dernier bijou qu'il projetait de commercialiser.

N'oublions pas qu'un franc-tireur lui avait un jour chipé la vedette en dévoilant l'une de ses créations avant que celle-ci soit achevée. Par la suite, il fit tout ce qui était en son pouvoir pour que cela n'arrive plus jamais. Mais comment blâmer celui qui était passé maître dans l'art de déterminer le moment propice pour révéler ses œuvres à un public sidéré ?

7.

Saisissez les opportunités

« Nous parions sur notre vision et nous préférons le faire plutôt que de réaliser des produits "suiveurs". Laissons cela à d'autres entreprises. »

STEVE JOBS

Il va sans dire que Steve Jobs ne manquait pas d'ambition. Sa petite amie, Chrisann Brennan, se souvient qu'il lui avait affirmé, à l'âge de dix-sept ans environ, qu'un jour il serait millionnaire.

Aplomb et confiance en soi : ces traits de caractère joueront souvent un rôle essentiel dans sa réussite. Paradoxalement, dans sa jeunesse, il eut tendance à se sous-estimer, comme l'illustre une anecdote remontant à l'époque où il persuada Woz de vendre ses cartes électroniques artisanales à ses copains du Homebrew Computer Club. L'un d'entre eux se nommait Paul Terrell et dirigeait un magasin d'ordinateurs dénommé The Byte Shop. Jobs lui demanda s'il serait intéressé par l'acquisition de quelques circuits à 50 dollars, ajoutant que, s'ils se vendaient bien, la commande pourrait augmenter. Mais il n'avait pas prévu l'enthousiasme de Terrell. Celui-ci n'avait que faire des cartes électroniques. Il voulait des machines complètes – cinquante ! –, qu'il était prêt à payer 500 dollars pièce. Une facture totale de 25 000 dollars, donc, que Steve Jobs n'aurait jamais crue envisageable.

Il y avait toutefois un léger problème : Jobs ne savait absolument pas si Woz serait capable d'honorer le contrat. Mais son culot prit le relais et il scella le *deal* sur-le-champ. Il était convaincu que le plus difficile – remporter un tel marché – était fait et que la production des machines suivrait. C'est ainsi que naquit le légendaire Apple I – un ordinateur construit pour des gens comme Woz lui-même, des geeks superintelligents, capables de comprendre la merveille qu'il représentait. De toute façon, en cas d'hésitations sur ce point, Jobs était là pour les convaincre.

La maison de la famille Jobs fut transformée en atelier de fabrication. Pour financer cette première phase de production, le fils prodigue vendit son van VW, tandis que son ami consentit à se séparer de sa précieuse calculatrice HP. Malgré cet apport initial, l'ordinateur que produisit Woz était dépourvu de certains équipements de base tels que le boîtier, le clavier, l'écran et le bloc d'alimentation. Lorsque Steve Jobs livra les machines, Terrell en conçut une grosse déception, car il avait escompté un produit un peu plus élégant, mais il tint parole et paya le prix convenu. L'aventure Apple venait de commencer. Par la suite, Jobs ne commettrait plus que très rarement l'erreur de se sous-estimer.

LES HÉROS DE STEVE JOBS

Steve Jobs était convaincu que le fait de connaître les idoles d'un individu donnait un excellent aperçu de sa personnalité. En l'occurrence, nous en savons assez long sur ses propres icônes, en particulier depuis la légendaire campagne de publicité « Think different » de la fin des années 1990, qui s'appuya sur une longue liste de personnages célèbres ayant sa faveur. Cette campagne mit notamment en scène des personnalités du monde du spectacle (Bob Dylan, John Lennon et Yoko Ono, Maria Callas, Alfred Hitchcock, Jim Henson et Kermit la Grenouille, Louis Armstrong et Martha Graham), des hommes d'affaires (Richard Branson et Ted Turner), des artistes (Pablo Picasso et Salvador Dalí), des leaders politiques (Martin Luther King et le Mahatma Gandhi), des architectes et des designers (Frank Lloyd Wright et Buckminster Fuller), un scientifique (Albert Einstein), un sportif (Mohamed Ali), ainsi qu'une aventurière et aviatrice (Amelia Earhart).

Vu sa grande compréhension du potentiel de la technologie et son sens esthétique aigu, l'homme ne pouvait par ailleurs que clamer son admiration pour Michel-Ange et Léonard de Vinci.

Le premier – le peintre de la chapelle Sixtine, l'auteur du *David* et d'autres chefs-d'œuvre aussi troublants que la *Pietà* du Vatican – observa un jour : « Chaque bloc de pierre renferme une statue et c'est le rôle du sculpteur de la découvrir. » On imagine aisément que ce sentiment teinta aussi la vie professionnelle de Steve Jobs. Mais le patron d'Apple était surtout impressionné par le fait que Michel-Ange combine à la fois une maîtrise artistique extraordinaire et « une somme de connaissances incroyable sur la manière de découper un bloc de marbre dans une carrière ». Léonard de Vinci domina également le monde des arts et des sciences, sans doute comme aucun être humain avant et après lui, faisant preuve de génie à la fois dans la conception de ses machines volantes que dans la réalisation d'œuvres telles que *La Joconde*. Ces deux maîtres illustraient selon Jobs l'union de l'art et de la science, essentielle à sa propre réussite.

Voici les profils de quatre autres héros de Steve Jobs – des figures légendaires de la technologie des XIXe et XXe siècles –, dont le parcours et la philosophie comportent des similitudes évidentes avec les siens.

Thomas Edison

Un jour, le fondateur d'Apple confia que lorsqu'il voyageait en Inde il avait eu une illumination : Thomas Edison avait peut-être beaucoup plus contribué à l'amélioration du monde que « Karl Marx et Neem Karoli Baba [un gourou indien qui fit parler de lui en Occident dans les années 1960 et 1970] réunis ».

Steve Jobs lui-même a souvent été décrit comme l'Edison de notre temps. Quelle que soit la légitimité de cette affirmation, il est certain qu'il figurait parmi les grands admirateurs de l'inventeur américain, auquel la campagne de pub « Think different » rendit hommage. Un choix peu surprenant si l'on considère les principes philosophiques que possédaient en commun les deux hommes : « Il existe toujours une meilleure voie », nota un jour Edison – une conviction qui marquera la carrière de Steve Jobs des décennies plus tard.

Thomas Alva Edison naquit en 1847 dans l'Ohio et, à l'instar de Jobs, devint en grandissant un homme à part. Septième enfant de la famille, il était considéré comme un esprit certes vif mais perturbateur, qui finit par se faire renvoyer de son école. Ce furent donc ses parents qui se chargèrent de son instruction, laquelle révéla un fort potentiel en science. Mais ses progrès furent retardés par des problèmes d'audition grandissants. Ayant trouvé un emploi comme télégraphiste, il économisa sou après sou pour se bâtir un laboratoire dans lequel il passa la majeure partie de son temps libre et breveta sa première invention – une machine de comptage automatique de votes – à l'âge de vingt et un ans.

En 1871, Edison fit construire une grande usine et un laboratoire à Newark, dans le New Jersey. Trois ans plus tard, il connut son premier grand succès commercial avec un nouveau système de télégraphe, dont il consacra tous les bénéfices à l'édification d'un nouveau centre de recherches, situé à Menlo Park et bientôt connu sous le nom d'« usine à inventions ». Parmi ses réalisations, on recense le phonographe, un émetteur téléphonique plus performant, un stylo électrique et l'ampoule électrique, la plus célèbre de ses découvertes. Toujours en mouvement – une caractéristique qu'il partagea avec Jobs –, Edison fit bâtir un autre complexe de laboratoires à West Orange, dans le New Jersey, où son équipe mena des travaux révolutionnaires dans le domaine du cinéma, et conçut un accumulateur qui s'avéra le projet le plus rentable de toute sa vie. L'homme eut même le temps d'essuyer quelques échecs, avec notamment une incursion malheureuse dans le secteur minier, dans les années 1890.

Au moment de sa mort, en 1931, Edison était titulaire de 1 093 brevets – un chiffre qui fait un peu d'ombre à la collection pourtant vaste de Steve Jobs. Préfigurant l'état d'esprit qui prévaudrait au sein d'Apple, Edison déclara un jour à l'un de ses assistants qui s'enquerrait du règlement du laboratoire : « Bon sang ! Il n'y a pas de règles ici ! On essaie d'accomplir quelque chose ! »

Henry Ford

Selon une autre école de pensée, si Steve Jobs ne fut pas le Thomas Edison de son époque, il fut en revanche son Henry Ford. Malgré des profils assez différents, les similitudes entre les deux hommes sont indéniables. Après tout, Ford fut celui qui déclara en 1924 : « La notion la plus dangereuse qu'un jeune homme puisse acquérir, c'est qu'il n'y a plus de place pour l'originalité. Il n'y a en fait pas beaucoup de place pour autre chose. » Né dans le Michigan en 1863, Henry Ford abandonna l'école pour aller travailler dans la ferme familiale à l'âge de quinze ans. Mais il la quitta peu de temps après pour entrer dans un atelier d'usinage de Détroit, réparant pendant son temps libre des horloges et des montres afin d'améliorer l'ordinaire. Après un retour aux sources bref et malheureux pour cultiver des terres léguées par son père, il repartit pour Détroit où il fut embauché par l'Edison Illuminating Company. Ce fut à cette période qu'il développa une fascination pour l'industrie automobile, alors en plein essor ; en 1896, il construisit son propre véhicule dans son abri de jardin.

Toutefois, le succès commercial se fit attendre et l'homme connut l'une des faillites les plus retentissantes des États-Unis. Enfin, en 1903, il créa une nouvelle entreprise automobile et décrocha le jackpot avec son Model A. Ensuite fut lancée la légendaire Model T, qui devint l'unique modèle de voiture produit par la société à compter de 1909. L'ajustement des méthodes de production de masse appliquées pour sa construction en fit l'automobile la moins chère du marché.

Au milieu des années 1920, la Ford Motor Company sortait 10 000 véhicules par jour, soit les 3/5e de la production nationale, et l'année 1927 vit la commercialisation de la 15 millionième Model T. Mais la réticence de Ford à développer de nouveaux modèles – contrairement à Jobs – sonna le glas de sa suprématie. Henry Ford mourut en 1948.

En matière d'études de marché, Steve Jobs aimait à rappeler l'une des citations les plus célèbres de Ford : « Si j'avais demandé à mes clients ce qu'ils voulaient, ils m'auraient répondu : un cheval plus rapide. »

Edwin Land

Bien qu'il soit moins connu que les deux précédents, Edwin Land était un héros authentique aux yeux de Steve Jobs, qui admirait la manière dont il avait créé son entreprise, Polaroid, à partir de rien, et l'avait maintenue au sommet durant des décennies.

Land naquit à Bridgeport, dans le Connecticut, en 1909. En 1932, avec l'aide de l'un de ses tuteurs universitaires, il créa les Land Wheelwright Laboratories afin de tirer parti de ses travaux sur les filtres optiques. En 1937, la société fut rebaptisée Polaroid Corporation. Land avait pour ambition qu'elle se situe « à l'intersection de l'art et de la science ». Comme Jobs, il considérait que toute entreprise devait héberger un partenariat entre des rêveurs et des managers, ces derniers ayant la tâche de créer un environnement de travail propice à l'épanouissement des premiers.

Après une année à Harvard où il étudia la chimie, Land quitta l'université et partit faire fortune à New York. Là-bas, il inventa des filtres optiques bon marché qui accélérèrent considérablement l'apparition de la photographie instantanée. Il retourna brièvement à Harvard, mais peu motivé par la vie estudiantine il en partit avant même d'avoir obtenu son diplôme ; pourtant, signe de la haute estime dans laquelle le tenait la communauté scientifique, il bénéficia du titre de « Dr Land » durant toute sa carrière). Son appareil photo à développement instantané, le Polaroid,

fut commercialisé en 1948 ; sous l'égide de Land, la société resta à la pointe du progrès en la matière jusqu'à ce qu'il soit poussé à la démission en 1980, à la suite de l'échec d'un système de cinéma instantané. Il mourut en 1991.
Selon un article du magazine *Forbes* paru en 1987, l'une des devises de Land – que n'aurait pu renier Steve Jobs – était : « Ne faites pas ce qu'un autre peut faire. Ne vous lancez pas dans un projet, à moins qu'il ne soit manifestement important et presque impossible. »

Akio Morita

Akio Morita fut le fondateur de Sony et fit accéder cette société à une place de leader mondial. Lui et Steve Jobs entretinrent des liens d'amitié, et le Japonais offrit personnellement à l'Américain l'un des tout premiers Walkmans. Comme le confiera John Sculley, qui fut PDG d'Apple : « [...] il partageait vraiment avec Steve le même genre d'exigence et le respect des beaux produits ». De Jobs, Sculley dira encore : « Il ne voulait pas être IBM. Il ne voulait pas être Microsoft. Il voulait être Sony. »
Né à Nagoya en 1921, Morita semblait destiné à intégrer l'entreprise commerciale familiale, fondée quelque trois cents ans plus tôt. Mais il était beaucoup plus intéressé par l'électronique

et obtint un diplôme de physique à l'université impériale d'Osaka. Au cours de son service militaire, pendant la Seconde Guerre mondiale, il rencontra Masaru Ibuka, un ingénieur en électricité qui devint pour lui ce que Woz était à Jobs. Après la guerre, les deux hommes fondèrent la Tokyo Telecommunications Engineering Corp. Morita se concentra sur les aspects financiers et marketing de l'entreprise, mais les affaires furent lentes à démarrer. En 1950, toutefois, les choses évoluèrent avec l'apparition du premier enregistreur à bande magnétique sur le marché japonais. En 1955, ce succès fut suivi d'une réussite encore plus grande avec le lancement du transistor de poche (à condition d'en avoir une grande). En 1958, la société fut rebaptisée Sony et, trois ans plus tard, devint la première firme japonaise à être cotée à la Bourse de New York.

Afin d'acquérir une meilleure compréhension du marché américain, Morita et sa famille s'installèrent aux États-Unis en 1963. Dans son secteur, Sony s'affirma comme le leader mondial grâce à ses téléviseurs, ses magnétoscopes et ses équipements audio, mais la firme connut véritablement son moment de gloire en 1979 avec le lancement du Walkman, qui fascina tant Steve Jobs et se vendit à plus de 25 milliards d'exemplaires. Au moment du décès de Morita, en 1999, Sony était

classé aux États-Unis numéro un des marques de produits de grande consommation.
Il y a deux déclarations de Morita que Jobs n'aurait sans doute pas désavouées. La première a trait au rôle du manager dans une entreprise : « Nous essaierons de créer des conditions dans lesquelles les gens pourront travailler ensemble dans un esprit d'équipe, et assouvir leur désir de mettre en œuvre leurs compétences technologiques. » La seconde concerne l'innovation : « Le public ne sait pas ce qui est possible. Nous, si. »

8.

Soyez toujours en mouvement

« Si vous n'avez pas encore trouvé, continuez à chercher.
Ne baissez pas les bras. Comme dans toute histoire
de cœur, vous saurez quand vous aurez trouvé.
Et comme dans toute belle relation,
le temps ne fait qu'améliorer les choses. »

STEVE JOBS

Jouez la sécurité…

Désormais convaincus qu'ils avaient un métier et non plus un simple hobby, Woz et Jobs étaient déterminés à démarrer sur des bases solides. Cela nécessitait en premier lieu d'en passer par les subtilités juridiques de la constitution d'une société. Comme Woz craignait de se faire accuser de piquer des idées à Hewlett-Packard pour les besoins de sa propre activité, il commença par prendre rendez-vous avec la direction de HP afin de lui présenter ce qui allait devenir le Apple I. Impressionné par ce qu'il avait réalisé, le management de l'entreprise décida néanmoins que le produit n'était pas pour eux, laissant ainsi à Jobs et à son compère toute liberté pour tenter leur propre aventure.

Comme pour leurs affaires précédentes, les deux amis décidèrent d'opérer un partage démocratique, donc égalitaire des profits, avant de s'accorder finalement sur l'intégration d'un troisième partenaire pour écarter tout risque de paralysie de leur société – en cas de désaccord entre ses associés. C'est ainsi que débarqua Ron Wayne, un ingénieur dont Jobs avait fait la connaissance durant son passage chez Atari, qui se laissa tenter par la perspective d'une participation de 10 % dans l'entreprise. Une fois la paperasse signée, Apple Computer, Inc. fut donc officiellement créée le… 1er avril 1976. Est-ce la crainte d'une mauvaise blague ? Toujours est-il que Ron Wayne revendit ses actions presque aussitôt pour environ… 2 500 dollars.

… sans cesser d'avancer

Jobs et Woz n'ignoraient pas que l'impulsion jouait un rôle crucial dans le succès d'un projet : tous deux s'employèrent à imprimer un rythme effréné aux premiers pas de leur entreprise. Une fois l'Apple I achevé, Steve Wozniak ne tarda pas à s'attaquer à la suite : une machine plus rapide et mieux conçue, dotée de son, d'éléments graphiques plus aboutis, d'une capacité de programmation supérieure et d'un potentiel de « bidouillage » plus large pour ses utilisateurs. À terme, cela deviendrait l'Apple II qui ébranlerait la planète.

Au stade de ce développement, Jobs et Woz ne savaient encore rien de l'impact formidable qu'aurait leur futur bébé. Ils étaient même si soucieux d'évaluer leur situation par rapport à la concurrence que, durant l'été 1976, ils s'offrirent un billet d'avion pour Atlantic City où devait se tenir un salon important sur les ordinateurs.

Ils en profitèrent pour y présenter leur Apple I, mais Jobs préféra – une réaction caractéristique – garder l'Apple II à l'abri des regards, jusqu'à ce qu'ils soient prêts à dévoiler un produit fini. Ce tour d'horizon des machines de leurs concurrents convainquit Steve Jobs que son ami était en train de créer quelque chose qui dépassait de loin les offres du marché.

Ne vous reposez pas sur vos lauriers

En parallèle, Jobs entreprit de réinvestir dans la société les modestes profits générés par le Apple I. Ils déménagèrent ainsi du garage de la famille Jobs pour s'installer dans un bureau proche de Cupertino. Si Apple n'en était pas encore à fonctionner comme une entreprise à la mécanique bien huilée, il en avait un peu plus l'apparence.

Jobs et Woz décidèrent par ailleurs d'augmenter les effectifs. Ils firent appel à un vieux camarade de lycée, Bill Fernandez, qui avait acquis une certaine expérience chez Hewlett-Packard. Ensuite, ce fut au tour d'un ancien de Reed d'être recruté, Daniel Kottke, dans le but de mettre un peu d'ordre dans la comptabilité. Jobs, pour sa part, s'autopromulgua directeur du marketing, tandis que Woz était nommé directeur de l'ingénierie. Le marché commença à remarquer l'arrivée de ces petits nouveaux : en juillet 1976, l'entreprise Apple eut droit à un article dans le magazine *Interface*, qui la qualifia de

« groupe bien organisé et financièrement sain, qui ouvre de nouvelles perspectives à sa clientèle en matière de matériels, de logiciels et de services informatiques ».
Un nouvel acteur de poids venait d'éclore dans la Silicon Valley. Si la commande passée par Paul Terrell avait sans doute été un heureux hasard, Jobs n'avait pas laissé filer cette chance. Dopé par la fièvre créatrice de Woz, il ne succomba pas à l'autosatisfaction en se délectant des fruits encore modestes de leur travail. Il comprit qu'ils avaient encore un long chemin à parcourir et beaucoup de pain sur la planche. Vu l'ampleur de la tâche, le rythme s'accéléra un peu plus encore.

« C'est un peu comme quand John Lennon est mort – Steve était vraiment le plus grand penseur des entrepreneurs, et presque tous ceux qui comptent sur le marché de la technologie ont reconnu que, quelque part, il avait la capacité d'imaginer de nouvelles façons de faire les choses. Pas seulement en améliorant ce que nous avons, en en produisant une meilleure version, mais en le réalisant d'une manière complètement différente, qui captiverait le monde entier. »

STEVE WOZNIAK

9.

Rêvez en grand

« Les petits penseurs n'accomplissent
jamais de grandes choses. »

STEVE JOBS

Lorsque l'Apple II en fut au stade du développement, la société eut besoin d'un sérieux refinancement. Dans ce but, Jobs et Woz furent mis en contact avec Don Valentine, un capital-risqueur qui joua un rôle essentiel dans l'émergence de cette philosophie du « rêve en grand » de Steve Jobs. Pour décider Valentine à investir dans leur projet, Jobs lui affirma qu'Apple prévoyait de vendre pas moins de 2 000 ordinateurs par an – un objectif plutôt ambitieux à l'époque, si l'on considère que les ventes du Apple I n'atteignaient qu'un dixième de ce chiffre. Le financier ne fut pas vraiment impressionné. Il avait pour mantra : « Les grands penseurs font souvent de grandes choses. Les petits penseurs n'accomplissent jamais de grandes choses. » Question : l'entreprise Apple était-elle dirigée par de petits penseurs ?

Au bout du compte, Valentine prit la décision de ne pas investir dans le projet – ce qui ne fut pas sans doute la meilleure de sa carrière –, mais, reconnaissant son potentiel, il présenta la société à un autre investisseur, Mike Markkula, qui avait fait ses armes dans le marketing chez Intel. L'homme n'hésita pas longtemps avant d'accorder à Apple une ligne de crédit d'un quart de million de dollars, à la condition que Steve Wozniak se consacre à plein temps à la société. Mais ce dernier se sentait bien chez Hewlett-Packard. Son employeur lui versait un salaire correct et, avec un foyer à entretenir, la perspective d'un chèque tombant tous les mois était rassurante. Cette façon de « penser petit » allait-elle finalement signer la fin d'Apple ?

Markkula était déterminé à ce que ce ne soit pas le cas. Invoquant l'émergence d'une industrie proprement exceptionnelle, il confirma aux deux Steve qu'il entendait que la totalité de l'équipe fasse le grand saut. Ce discours fut accueilli avec enthousiasme par Jobs, qui entreprit de lever une petite armée, composée d'amis communs et de membres de la famille Wozniak, afin de vaincre les réticences de son compère. Celui-ci, qui ne voulait pas entendre parler de gestion et souhaitait limiter ses activités à la création, finit par céder à leur pression, acceptant d'abandonner la sécurité que lui offrait HP, lorsqu'on lui promit que les aspects managériaux de l'entreprise seraient pris en charge par ses deux associés.

En janvier 1977, Markkula rejoignit donc Apple aux côtés des deux Steve, chacun détenant un tiers de l'entreprise. Tandis que le Apple I s'était vendu au total à 200 unités environ, pour un prix de vente de 666,66 dollars (une production assez limitée qui lui assure aujourd'hui une valeur très élevée, puisque l'un de ses exemplaires a été adjugé en 2012 pour 640 000 dollars lors d'une vente aux enchères), dans les neuf mois qui suivirent l'arrivée de Markkula, le chiffre d'affaires dégagé par le Apple II atteignit plus de 750 000 dollars. Un an plus tard, il serait de quelque 8 millions de dollars…

IL ÉTAIT UNE FOIS... CINQ SOCIÉTÉS

L'histoire d'Apple a contribué à écrire celle de toute l'industrie technologique mondiale depuis les années 1970. Mais les succès de Steve Jobs sont intimement liés à ceux de plusieurs autres entreprises – chacune d'entre elles méritant légitimement son statut de titan. Penchons-nous un instant, aussi bref soit-il, sur les destins respectifs d'Apple et de quatre autres sociétés : Hewlett-Packard, IBM, Microsoft et Xerox.

Apple

Passée du stade d'électron libre téméraire à celui de superstar mondiale, Apple est de loin l'entreprise de technologie la plus chère au monde : en mai 2012, elle a été valorisée à 526 milliards de dollars par capitalisation boursière (selon Google Finance) et, en 2011, elle a temporairement reçu le titre de plus grosse société de la planète, toutes catégories confondues, avant d'être détrônée par Exxon Mobil. En 2002, Steve Jobs a révélé au *New York Times* ce à quoi il attribuait la réussite d'Apple : « Notre société est la seule à maîtriser la totalité du spectre – le hardware, le software et le système d'exploitation. Nous pouvons assumer l'entière responsabilité de l'expérience utilisateur. Nous sommes en mesure de faire des choses dont les autres sont incapables. »

HELWLETT-PACKARD

Née à Palo Alto en 1939 (dans un garage, comme Apple), HP est le bébé de Bill Reddington Hewlett et de Dave Packard. Cette société, l'une des pionnières de la Silicon Valley, a produit le HP 9100A en 1968, l'un des premiers ordinateurs fabriqués en série au monde (même s'il fut commercialisé en tant que calculatrice programmable). Si la firme offrit à Jobs et à Woz l'un de leurs premiers emplois, elle est aussi connue pour avoir malencontreusement repoussé l'offre qu'ils lui firent de participer à l'aventure du Apple I. Malgré cela, HP s'est taillé une place de choix sur le marché des PC en fabriquant des ordinateurs, des périphériques tels que des imprimantes, ainsi que des logiciels. À la suite de sa fusion avec Compaq en 2000, elle est, à ce jour, selon certains paramètres, le plus grand constructeur d'ordinateurs personnels de la planète en termes d'unités vendues. Toutefois, avec une valorisation par capitalisation globale de 44 milliards de dollars en 2012 (selon Google Finance), la société fait figure de naine en comparaison de celle créée par ses deux anciens cadres.

MICROSOFT

Microsoft a été lancée en 1975, soit un an environ avant Apple, par Bill Gates et Paul Allen. Ces deux génies de la technologie avaient pris contact avec Micro Instrumentation and Telemetry Systems (MITS), se vantant d'être capables de concevoir un interprète du langage de programmation BASIC pour son nouvel ordinateur Altair 8800. Ils s'attelèrent ensuite à la tâche pour que cette promesse audacieuse devienne réalité. À l'opposé de la philosophie du « tout en un » d'Apple, Microsoft concentra ses efforts sur la création de logiciels destinés à du matériel informatique construit par d'autres – un marché dont il reste, à ce jour, le maître incontesté. Lorsque la société entra en Bourse en 1986 – soit deux ans après la sortie du Windows Microsoft –, sa valorisation atteignit de tels sommets que trois de ses employés au moins furent instantanément promus milliardaires, tandis que 12 000 autres devenaient millionnaires. Le lancement de la suite de Microsoft Office, en 1990, ne fit que sécuriser sa position de leader du marché et, à compter du milieu des années 1990, l'entreprise put s'attaquer avec enthousiasme aux défis et aux opportunités que représentait Internet. Pendant quelque temps, Microsoft sembla vaincre Apple dans la bataille commerciale engagée par ces deux geeks géants, mais l'incroyable éventail de produits que Jobs extirpa de son chapeau, lors de son retour chez Apple, changea la donne. En 2010, la firme à la pomme rafla à son rival le titre d'entreprise de technologie la plus chère au monde, avant de poursuivre sur sa lancée pour être évaluée, en 2012, à plus du double des 244 milliards de dollars de Microsoft (selon Google Finance).

IBM

International Business Machines Corporation (IBM) a débuté ses activités en 1911 sous le nom Computing Tabulating Recording Company. On lui attribue une gamme étourdissante d'inventions révolutionnaires, allant du distributeur automatique de billets à la disquette, en passant par la perforatrice de cartes électroniques et le programme informatique d'intelligence artificielle Watson. En chemin, les salariés d'IBM ont récolté cinq prix Nobel. Colosse reconnu de l'informatique, bien avant qu'Apple soit une simple étincelle dans l'œil de Steve Jobs – et même bien avant que Jobs lui-même soit une étincelle dans le regard de qui que ce soit –, l'entreprise lança son premier ordinateur personnel (le IBM 5150) en 1981 – soit assez tardivement. Forte de sa réputation, la société vit ses ventes atteindre des sommets, et la machine devint l'outil incontournable des bureaux et des foyers du monde entier. En mai 2012, IBM bénéficia d'une capitalisation boursière de 224 milliards de dollars (selon Google Finance), mais cette valorisation confortable ne lui assura qu'une place de troisième, dans le sillage de Microsoft et très loin derrière Apple.

XEROX

Xerox avait tout à perdre avec l'ordinateur individuel et, d'ailleurs, certains avancent que c'est exactement ce qui s'est passé. Fondée en 1906 sous le nom Haloid Photographic Company, puis connue sous le nom Xerox à partir de 1961, la société a lancé la première imprimante de série en 1963, suivie d'une imprimante laser six ans plus tard. PARC, le centre de recherches révolutionnaire de Xerox, ouvrit ses portes en 1970 et développa la souris et l'interface graphique qu'allait utiliser l'industrie informatique durant des décennies.

Malheureusement, la société consacra le meilleur de ses ressources technologiques à une machine, la Xerox 8010 Star, qui s'avéra beaucoup trop onéreuse pour le commun des mortels – avec un prix de 16 000 dollars lors de son lancement, en 1981. Dans l'arène foisonnante des PC, l'entreprise fut vite éclipsée par des concurrents comme Apple, IBM et Microsoft. Elle prit donc la décision – sans doute sage – de se concentrer sur la gestion de documents (impression, photocopie, etc.), un secteur où elle reste, à ce jour, le leader mondial. Malgré cela, sa valorisation s'établit à un quinzième environ de celle d'Apple, avec une capitalisation boursière de près de 10 milliards de dollars pour 2012.

10.

Entretenez votre marque

« De temps à autre, un produit révolutionnaire voit le jour et change la donne… Apple a eu la grande chance d'en lancer quelques-uns. »

STEVE JOBS

Dès le début, Steve Jobs comprit l'importance qu'il y avait à bâtir l'identité d'Apple. Pour lui, une société ne devait pas se limiter à caser un maximum de produits, elle devait aussi vendre des idées, des ambitions, du rêve. La plupart des produits ont une durée de vie limitée, mais ce n'est pas nécessairement le cas de la relation entre un fournisseur et ses clients, tant que ces derniers pensent qu'ils peuvent en attendre quelque chose de particulier et que l'entreprise répond à leurs attentes.

À cet égard, Jobs fut l'un des maîtres modernes de l'art difficile de l'élaboration d'une marque. Bien sûr, le produit était essentiel. Si Woz n'avait pas conçu les Apple I et II, la société n'aurait pas fait long feu. De même, si la firme à la pomme n'avait pas imaginé l'iMac, l'iPod, l'iPad – entre autres – dans les années correspondant au changement de millénaire, elle ne serait pas devenue le géant qu'elle est incontestablement aujourd'hui. Mais, au-delà de ses produits, la marque Apple possède dans une certaine mesure une existence propre – elle est presque devenue l'expression abrégée d'une manière d'aborder la vie.

Le simple nom Apple évoque un design impeccable, des avancées technologiques inédites, de la créativité, de l'innovation, une décontraction stylée. Souvenez-vous du slogan choisi dès 1977 : « La simplicité est la sophistication ultime. » Une déclaration parfois attribuée à Léonard de Vinci – dont l'utilisation traduisait déjà la confiance de soi que possédait Apple. Pour cette société, il n'était pas question de cantonner la présentation de son tout nouveau Apple II à du jargon technique ou à des détails de design ; elle préféra mettre en avant une idée, une aspiration, dont le message semble être : « Nous avons rendu simple ce qui était complexe, et vous donnerez l'impression d'une sophistication extrême en possédant une telle machine. » Sans compter que ce slogan correspond, aujourd'hui encore, à l'esprit qui anime la Pomme. Grâce à de tels choix, cette société a acquis une réalité conceptuelle, au même titre que Coca-Cola est devenu l'emblème du rêve américain pour des millions de gens dans le monde et Rolls Royce synonyme de luxe. Un tour de force que la plupart de ses concurrents lui envient.

Très tôt, Steve Jobs a concentré ses efforts sur le développement de la marque, et son habileté en la matière ne s'est jamais démentie. Les lignes de produits passent, les idées restent. En 1977, il déclara à *Time Magazine* : « Apple s'adresse à des gens qui "pensent en dehors des cases", des gens qui veulent que leur ordinateur les aide à changer le monde, à créer des choses qui font la différence, pas simplement à accomplir une tâche. »

Combien d'autres présidents de sociétés high-tech auraient pu tenir de tels propos sans perdre leur crédit ? Mais il est vrai que, dans ce secteur, Jobs n'était pas n'importe quel président…

D'OU VIENT LE NOM APPLE ?

Même le nom de la société est unique en son genre. Songez à d'autres colosses de l'industrie informatique : tandis que certains ont adopté le patronyme de leurs fondateurs (Hewlett-Packard ou Dell), d'autres ont préféré couper court à toute ambiguïté sur leur domaine de compétence (Microsoft ou IBM, soit l'acronyme de International Business Machines). Pour sa part, Apple – une pomme ! – n'évoque en rien l'univers de la haute technologie. D'où sort donc ce nom de baptême ?

En 1976, les deux Steve se creusaient la tête pour trouver une dénomination adéquate avant le lancement de ce qui allait devenir le Apple I. Leur choix fut arrêté lors d'un trajet dans la voiture de Woz. Après avoir échangé quelques idées beaucoup plus classiques (vous avez échappé au Matrix Electronics iPod ou à l'Executek iPad), les deux associés convinrent qu'aucune de leurs trouvailles n'était à la hauteur de leurs ambitions. À cette époque, Steve Jobs était en pleine période fruitarienne et venait de rentrer de l'un de ses séjours à All One Farm, la plantation de pommiers de son vieux copain de fac, Robert Friedland, située à quelques kilomètres de Portland. Les pommes étant donc sans doute encore dans ses pensées, il mentionna ce nom à tout hasard. C'était, plaida-t-il, à la fois drôle et décomplexant, avec une touche de spiritualité. Par la suite, d'autres commentateurs ont avancé que ce nom les plaçait aussi avant Atari – le premier employeur de Jobs – dans l'annuaire !

Aussitôt, Steve Wozniak émit une crainte : comment allait réagir la société Apple fondée par les Beatles ? Malgré leurs efforts pour trouver une meilleure option, aucune suggestion ne semblait convenir. À bien des égards, cette idée apparemment loufoque fut un éclair de génie. Car ce fruit est un symbole de nature, de pureté, de manne divine. D'un point de vue biblique, il est né de l'arbre de la connaissance. De plus, il est associé à la quête intellectuelle, ayant notamment permis à Isaac Newton de découvrir la loi universelle de la gravitation. D'ailleurs, à l'origine, le logo d'Apple était un portrait de Newton assis sous un pommier, attendant d'être frappé par l'inspiration. La société finit par lui préférer l'image d'une pomme dont on aurait croqué un morceau – un jeu de mots, puisque le terme « croquer » en anglais se dit *bite* et se prononce de la même manière que le byte de la mémoire d'un ordinateur.

Et puis, au-delà de ces multiples évocations, le choix de ce nom donnait tout de suite le ton, permettant de distinguer la société Apple de ses rivaux. Or, elle avait l'ambition d'aborder le métier de façon radicalement différente, de ne pas être... Executek. Les craintes de Woz à propos des Beatles s'avérèrent fondées : les ex-membres du groupe leur intentèrent un procès à la suite duquel, en 1981, Apple Computer dut prendre l'engagement de ne pas investir dans le secteur de la musique.

Dès la fin des années 1980, l'affaire rebondit à propos de l'utilisation de machines Apple pour la production musicale et s'acheva par une transaction qui contraignit le constructeur informatique à débourser plus de 25 millions de dollars. Inévitablement, quand le premier magasin iTunes ouvrit ses portes en 2003, une nouvelle bataille juridique s'engagea, qui trouva finalement une issue, en 2007, par un accord sur l'usage des marques. Toutefois, ce n'est qu'en 2010 que les mélodies des Beatles furent enfin disponibles sur iTunes. Reste que, malgré ce conflit qui dura des années, coûta des millions et causa des tracas, on peine à croire que ces deux pommes de discorde aient pu, hors du prétoire, se causer un grand nombre de torts réciproques.

II

Rester au sommet

11.

Réalisez de belles choses

« La seule façon de faire de l'excellent travail est d'aimer ce que vous faites. »

STEVE JOBS

Soyez fier de vous

En matière d'objectifs, Steve Jobs plaçait systématiquement la barre très haut, ce qui frisait parfois l'obsession. Si vous étiez menuisier, aimait-il à demander, et que vous deviez fabriquer une magnifique commode, utiliseriez-vous du contreplaqué pour en réaliser le fond ou auriez-vous recours au même bois que celui des parties visibles ? Pour un artisan digne de ce nom, peu importe que l'on ne puisse pas voir l'arrière de cette commode. Le menuisier sait en quoi est fait le meuble et c'est une incitation suffisante pour continuer à employer la meilleure qualité de bois possible. Voilà le type de principes que s'imposait le patron d'Apple et qu'il exigeait de tous ceux avec lesquels il travaillait.

Ainsi, lorsque l'Apple II en fut au stade de la production, il rejeta des cartes mères qui ne lui semblaient pas assez agréables à l'œil et ce, même s'il savait que les acheteurs de l'ordinateur ne les verraient jamais. Puis, une fois la machine achevée conformément à ses souhaits, il s'assura que tous les ingénieurs qui y avaient contribué aient apposé leur signature à l'intérieur, à l'instar de grands artistes.

Exigez la perfection

Celui qui, en pratique, présida à la naissance des Apple I et II fut Steve Wozniak, mais Jobs s'impliqua beaucoup plus dans la création du Macintosh. À l'époque, la plupart des forces vives de l'entreprise étaient affectées au projet Lisa (en théorie, l'acronyme de Local Integrated Systems Architecture, mais, en réalité, un hommage rendu à sa fille par Jobs qui avait bien du mal à se montrer bon père), qui, en définitive, n'aboutirait jamais. Dans l'esprit de Jobs, la raison pour laquelle le Mac émergea des profondeurs et eut un tel retentissement était simple : « L'équipe de Lisa voulait réaliser quelque chose de génial. L'équipe du Mac voulait réaliser quelque chose de démentiellement génial. La différence se voit. »

Jobs eut toujours de grandes ambitions pour le Mac, qui devint la première machine de série à utiliser une souris pour naviguer dans une interface graphique. Dans sa quête incessante de perfection, il transmit à ses collaborateurs des demandes de nature à éprouver la résistance des plus dévoués d'entre eux. Ainsi, il faillit rendre fou Chris Espinosa, l'un des programmeurs les plus pointus de la société à force de modifier la calculatrice du Mac.

En désespoir de cause, celui-ci créa un programme, qu'il baptisa cyniquement « Kit calculette spécial Steve Jobs », afin que son patron puisse affiner lui-même les détails de l'interface. Jobs finit par mettre au point quelque chose qui lui convenait et passa à autre chose. Mais en réponse à ceux qui doutaient de l'opportunité de consacrer autant d'efforts à une fonction apparemment si mineure, cette calculatrice devint durant de longues années la référence sur les ordinateurs Apple. Le fond de la commode du menuisier, en quelque sorte…

Ce perfectionnisme se manifesta d'une façon tout aussi évidente lorsque Jobs retrouva Apple après l'avoir quittée. Il racontait souvent que les ingénieurs travaillant sur le projet iMac avaient opposé à ses premiers schémas des douzaines de raisons pour lesquelles ça ne pouvait pas fonctionner et des listes sans fin de tout ce qu'il fallait modifier. Malgré cela, Jobs resta convaincu que son intuition était la bonne et il exigea, bien entendu, que cette conviction devienne réalité. Le terme « compromis » ne figurait pas dans le dictionnaire de Steve Jobs.

Aimez ce que vous faites

Jobs avait compris que l'une des conditions du succès consiste à entretenir la passion pour son travail. Il expliquait volontiers combien il est prenant et difficile d'accomplir quelque chose de grand. Si la passion, l'amour du travail entrepris disparaît, le risque est de tout laisser tomber. Il avait également réalisé que pour qu'une telle passion perdure, il faut y trouver du plaisir. D'ailleurs, quand après son départ du Reed College Jobs postula chez Atari, c'est parce que leur annonce d'emploi était ainsi rédigée : « Amusez-vous en gagnant de l'argent. » Une telle perspective ne pouvait que le séduire et il s'appliqua à la mettre en œuvre pendant toute sa carrière. À cet égard, l'homme fut sans doute un patron tyrannique, parfois désagréable, mais il sut révéler le meilleur de ses collaborateurs en leur offrant la possibilité de se divertir de manière créative.

Ne perdez pas l'objectif de vue

Lors de l'ascension météorique d'Apple – et lors de la sienne –, Steve Jobs garda constamment les pieds sur terre. S'il était bien décidé à repousser les frontières du possible, il ne perdit jamais son temps à poursuivre l'impossible. Son pragmatisme ne deviendrait jamais l'otage de sa quête de perfection.

Cet aspect de sa personnalité fut amplement mis en évidence pendant la phase de développement du Mac. Comme nous l'avons vu, Jobs se donna énormément de mal pour en pousser tous les curseurs au maximum, mais le calendrier du projet finit par déraper sérieusement – la conséquence la plus grave étant que, selon un accord entre Apple et Microsoft, ce dernier risquait de lancer le premier sa propre interface graphique, volant ainsi la vedette au Mac dans ce qu'il avait de plus révolutionnaire. Une telle issue était si intolérable à Steve Jobs qu'il caressa ses troupes dans le sens du poil afin qu'elles accélèrent le mouvement et achèvent la machine dans les temps. Au vu des délais à honorer, il usa de flatterie en leur rappelant que « Real artists ship » (« les vrais artistes livrent »). En clair : inutile de passer du temps à innover si on ne peut pas fournir la marchandise.

« Je crois que nous nous amusons. Je crois que nos clients aiment vraiment nos produits. Et nous essayons constamment de faire mieux. »

STEVE JOBS

12.

Cherchez l'inspiration autour de vous

« Pourquoi n'en profitez-vous pas ? »

STEVE JOBS

Steve Jobs était un innovateur et un insuffleur d'innovation. Mais il savait aussi améliorer ce qui existait déjà. En bref : à l'occasion, il ne dédaignait pas emprunter des idées aux autres pour les faire siennes. Cet aspect permet d'éclairer sous un jour particulier son goût pour une maxime de l'un des plus grands artistes du XXe siècle, Pablo Picasso : « Les bons artistes copient. Les grands artistes volent. »

C'est sûrement ce que le patron d'Apple avait en tête lorsqu'il organisa, à la fin de l'année 1979, une excursion qui appartient désormais au folklore de l'entreprise. Ce jour-là, Steve Jobs et l'un de ses collègues du nom de Bill Atkinson se rendirent au Xerox PARC – la division de recherche du géant de la technologie, Xerox – pour une visite du centre. Selon la petite histoire, Jobs rentra chez lui la tête pleine de nouvelles idées auxquelles il donna forme dans le Macintosh. Pour finir, Xerox loupa le coche et Apple devint la société que nous connaissons aujourd'hui.

Cette anecdote, si elle est frappante, l'est peut-être un peu trop pour être vraie. Disons qu'elle s'approche de la vérité. En 1979, Apple comptait déjà parmi les grosses pointures de la Silicon Valley et son patron avait accepté de céder à Xerox une participation dans son capital pour une valeur d'un million de dollars... à la condition de pouvoir visiter les locaux du Xerox PARC, situés sur Coyotte Hill Road, à Palo Alto. Le tour du centre devait inclure une démonstration du tout dernier bijou de Xerox, l'ordinateur individuel Alto, par un ingénieur nommé Larry Tesler.

Ce que virent Jobs et Atkinson à cette occasion les sidéra. Alors que les machines de l'époque s'appuyaient sur un clavier permettant à l'utilisateur de taper des commandes, ils avaient sous les yeux un ordinateur usant d'un système d'icônes disposées sur l'écran, que l'on pouvait sélectionner en employant un truc appelé « souris ». Ces icônes ouvraient alors des fenêtres déroulant des menus, à partir desquels l'utilisateur pouvait choisir une commande.

Les gens de Xerox n'ignoraient pas qu'ils tenaient là quelque chose d'important, mais ils ne savaient pas exactement quoi. Finalement, l'Alto fut commercialisé en 1981 ; sa lenteur d'exécution et sa complexité d'utilisation le vouèrent à l'échec. D'ailleurs, Xerox finit par se désengager complètement du marché de l'ordinateur personnel. À l'opposé, les cadres d'Apple réalisèrent aussitôt qu'ils venaient d'entrevoir l'avenir : « Pourquoi n'en profitez-vous pas ? », demanda, éberlué, Jobs à Tesler à la fin de la présentation. « C'est un truc génial. C'est révolutionnaire ! »

Jobs se mit donc en tête de constituer une équipe qui pourrait créer une souris plus facile à manipuler, plus durable et moins coûteuse que celle du Xerox PARC. De plus, ses troupes entreprirent d'améliorer l'interface numérique jusqu'à modifier irrémédiablement le monde de l'informatique. Cinq ans plus tard, le fruit de leur travail donna naissance au Macintosh, et le reste est, selon la formule consacrée, entré dans la – grande – histoire. Pour la petite, Tesler fut si contrarié par ce qu'il considéra comme un manque de vision de Xerox, et si impressionné par celle de Jobs, qu'il démissionna pour aller grossir les effectifs d'Apple.

Mais le patron d'Apple n'hésitait pas non plus à aller chercher l'inspiration auprès d'entreprises sans lien apparent avec son activité. Ainsi, la journée qu'il passa à explorer des gadgets électroménagers et autres babioles domestiques dans les rayons du grand magasin Macy's fut très féconde, puisqu'elle l'incita à réaliser l'enveloppe de l'Apple II en plastique plutôt qu'en métal, dont l'usage était pourtant habituel, à l'époque, pour les boîtiers d'ordinateurs. On raconte aussi que la couleur acidulée de l'iMac, totalement inédite dans le secteur, doit beaucoup à la visite d'une usine de bonbons par des cadres de la firme à la pomme.

Rester au sommet

« Encore et encore, au cours des quatre dernières décennies, Steve Jobs a vu l'avenir et lui a donné forme, bien avant que la plupart des gens parviennent à entrevoir l'horizon. »

MICHAEL BLOOMBERG

LES ENTRETIENS D'EMBAUCHE FAÇON JOBS

Avant que Jobs rencontre ses futurs employés potentiels, ceux-ci avaient déjà subi un processus de sélection très sévère, au cours duquel ils avaient dû démontrer des qualités personnelles et professionnelles exceptionnelles, les recommandations de premier choix étant par ailleurs très appréciées.

Ensuite, ceux qui avaient réussi à décrocher un entretien pouvaient s'attendre à un interrogatoire en règle, dans le style inimitable de Jobs. Celui-ci en profitait pour tester la vitesse de réflexion des candidats sur des sujets qu'ils n'avaient pu anticiper. L'une des questions les plus classiques était : « Comment feriez-vous pour vous procurer des informations sur une technologie sans que personne ne le sache ? » De tels défis finissaient rapidement par trier le bon grain de l'ivraie.

Jobs attendait aussi de ses éventuelles recrues qu'elles possèdent une connaissance encyclopédique d'Apple, de ses produits et de sa culture. En outre, il fouillait la personnalité des postulants en leur posant des questions ouvertes – « Pourquoi êtes-vous ici ? » À l'occasion, il pouvait se montrer incroyablement cruel. Ainsi, lors d'un entretien de recrutement – tristement célèbre – qu'il mena lors de son premier mandat, il interrompit un garçon qu'il n'appréciait pas en murmurant « bla bla bla », avant de lui demander – en violation évidente du droit du travail – quand il avait perdu sa virginité, s'il était même encore puceau et s'il avait déjà pris du LSD.

À la fin des entretiens, Jobs examinait avec soin l'ensemble des informations qu'il avait recueillies, mais prenait sa décision finale à l'instinct. Évidemment, les rares élus qui bénéficiaient d'une rencontre avec le boss avaient en général toutes les compétences techniques requises, mais il s'agissait de savoir s'ils pourraient s'intégrer chez Apple et s'ils placeraient l'entreprise au premier rang de leurs préoccupations. Des questions essentielles, auxquelles seuls quelques privilégiés surent répondre.

13.

Formez une équipe qui gagne

« J'ai découvert qu'il y avait des types incroyablement doués pour accomplir certaines choses et qu'il était impossible de les remplacer par cinquante personnes ordinaires. »

STEVE JOBS

Steve Jobs avait compris cette vérité première : Apple ne pourrait jamais être plus que la somme de ses effectifs et de leurs idées. Quelle que soit l'ampleur de son investissement personnel et de ses propres compétences, la grandeur à laquelle il aspirait ne pourrait qu'être le fait d'une équipe – et, qui plus est, d'une équipe extraordinairement talentueuse. Le patron d'Apple estimait que son premier devoir de manager consistait à constituer un laboratoire de battants, puis à créer un environnement dans lequel chaque membre se sentirait investi d'une mission importante, aux côtés de personnes tout aussi douées et mues par une vision globale.

Il était convaincu que les meilleurs éléments peuvent accomplir beaucoup plus que ceux qui sont simplement compétents ou capables, et il consacrait par conséquent une grande énergie à les traquer. Il considérait aussi que le recrutement faisait partie des responsabilités les plus cruciales de sa mission et s'autorisait rarement à déléguer cette tâche à d'autres. Le « control freak » (« obsédé du contrôle ») qui vivait indubitablement en lui ne faisait confiance à personne pour renifler les candidats de valeur. Sans compter qu'au-delà de leur excellence, ceux-ci devaient, en outre, être disposés à se surpasser : Jobs ne voulait pas de ces pères peinards qui ne voyaient aucun inconvénient à patienter cinq ou dix ans, attendant tranquillement qu'une opportunité se présente. Selon ses propres termes, il recherchait au contraire des tempéraments dont le potentiel s'exprimait dans des situations qui les « dépassaient un peu ».

Cette détermination à s'entourer de la meilleure équipe s'exprima pleinement quand il reprit les rênes du projet Macintosh à son précédent directeur, Jef Raskin – l'homme qui avait donné son nom au projet, par référence à « sa variété de pomme préférée, la succulente McIntosh ». Steve Jobs entendait bien transformer en triomphe ce qui n'était à l'époque qu'un objectif secondaire pour la société – passant après le projet Lisa –, et, pour ce faire, il commença par constituer une équipe créative, quitte à pénaliser d'autres opérations d'Apple, désormais concurrentes. Ainsi, il décida de s'arroger les services d'Andy Hertzfeld qui travaillait sur l'Apple II. Après un entretien matinal avec lui, Jobs vint le trouver dans l'après-midi même pour lui offrir un emploi qu'Hertzfeld accepta avec enthousiasme, en précisant toutefois qu'il devait auparavant boucler deux ou trois détails pour un dossier en cours. Jobs répondit en arrachant le câble qui reliait l'ordinateur à la prise, de sorte que sa nouvelle recrue perdit toutes les données qu'il n'avait pas encore sauvegardées. Le message était très clair : Hertzfeld faisait désormais partie de l'équipe de Jobs et il était hors de question qu'il se laisse distraire par une autre tâche.

Reste que la liste des recrutements effectués par Steve Jobs n'est pas sans anomalie. Après le départ de Mike « Scotty » Scott (le président d'Apple entre 1977 et 1981), Jobs entama une longue période de recherche pour lui trouver un successeur. Impressionné par l'avance que Pepsi-Cola était en train de prendre sur son concurrent Coca-Cola, il prit contact avec le directeur de Pepsi, John Sculley, et le courtisa durant plusieurs mois. Comme ce dernier hésitait, Jobs lui donna matière à réflexion : préférait-il vendre de l'eau sucrée toute sa vie ou avait-il envie de changer le monde ?

Sculley finit par conclure un contrat très juteux avec Apple, qu'il rejoignit en 1983. Malgré cela, dès 1985, la société eut besoin de redorer son blason après l'échec commercial relatif de l'Apple III et des modèles Lisa. Et puis, comme si cela ne suffisait pas, les deux hommes ne s'entendirent pas. Sculley rapporta au conseil d'administration que Jobs se comportait comme un « sale gosse irascible », ce à quoi l'autre répliqua de façon peu reluisante en le traitant de « crétin ». Ce fut l'un des rares épisodes où Jobs sembla avoir trouvé un adversaire à sa mesure. Il fut d'ailleurs démis du projet Mac et presque exclu de la société qu'il aimait tant. En parallèle, le cours de Bourse d'Apple chutait et Sculley ressemblait de moins en moins à l'homme de la situation. Jobs regrettait très certainement de ne pas l'avoir laissé à ses boissons gazeuses…

Comme chacun sait, la relative traversée du désert que connut Apple dans les années 1990 garantit à Steve Jobs la possibilité de réaliser son meilleur recrutement : s'offrir à lui-même un emploi dans l'entreprise, en 1997. Une fois de retour aux commandes, il entreprit un remaniement complet du conseil d'administration et plaça « ses gens ». Le personnel serait tout aussi essentiel au projet Apple 2.0 de Jobs qu'il l'avait été lors de sa première incarnation de la firme.

COMMENT RATER LE MANAGEMENT HUMAIN

D'une manière paradoxale pour un homme qui avait si bien compris l'importance du facteur humain dans une entreprise, Jobs se tailla une réputation de dirigeant irascible, désagréable et souvent excessif. À dire vrai, l'analyse de ses comportements – à la fois sur un plan personnel et professionnel – constitue surtout un guide des attitudes à proscrire en matière de relations.

Indubitablement passionné et parfois impatient, Steve Jobs aurait certainement reconnu lui-même que ses compétences en « gestion humaine » ont parfois péché, à certaines périodes et à l'égard de certains individus. Cela dit, il inspira un immense respect et une grande confiance à la plupart de ceux qui travaillèrent à ses côtés et sous ses ordres. Il était capable d'insuffler à ses collaborateurs le sentiment qu'ils étaient engagés dans une mission collective, une quête conjointe de perfection, qui faisait oublier nombre de ses excès. D'ailleurs, Jobs affirma que son rôle n'était pas d'épargner les gens, mais de les rendre meilleurs. Mieux vaut en effet juger son style de management par rapport à cet objectif.

Ne perdez pas votre calme

Parmi les faces sombres de Steve Jobs figure un esprit lunatique et méchant. Il lui arrivait d'humilier des gens en présence de leurs collègues et il fut régulièrement accusé d'avoir usurpé les idées des autres pour sa propre gloire. Il agaçait tellement Jef Raskin, le responsable initial du projet Macintosh, que celui-ci adressa au président d'Apple, Mike Scott, une note déclarant que les méthodes de management de Jobs étaient « épouvantables » et lui reprochant d'agresser ceux dont ils ne comprenaient pas les idées tout en s'attribuant le mérite de celles des autres. (Comme nous l'avons vu, dans le bras de fer qui s'ensuivit, Jobs finit par avoir raison de Raskin qui passa rapidement à autre chose. En lui-même, cet épisode nous offre une leçon intéressante : si vous souhaitez indisposer des gens, vérifiez que votre position est assez solide pour résister à une contre-attaque. À cette occasion, la victoire revint à Jobs, mais ce ne fut pas toujours le cas.)

Ne perdez pas votre sens de la mesure

Jobs pouvait être d'une froideur impitoyable. Ainsi, lorsqu'il supervisa la restructuration de Pixar au début des années 1990, il n'hésita pas à licencier 40 % des effectifs de la société sans préavis ni indemnités. Si un plan social n'est jamais très drôle, Jobs ne fit pas grand-chose pour améliorer le sort de tous ceux qui durent annoncer à leur famille qu'ils n'avaient plus de boulot. Il pouvait aussi faire preuve de mesquinerie, comme cette comédie d'enfant gâté qu'il fit à Mike Scott, après que celui-ci eut introduit un système de gestion de paie pour rationaliser les méthodes de gestion, au début de l'existence d'Apple. Dans ce cadre, Woz reçut par hasard le rang de salarié numéro 1, tandis que Jobs se voyait attribuer la deuxième place. Cette broutille suscita la fureur de Jobs qui s'en plaignit à Scott, lequel, à son crédit, refusa de faire marche arrière.

Ne perdez pas votre auditoire

Tous ceux qui travaillèrent aux côtés de Steve Jobs sur le projet Macintosh ont été exposés à nombre de ses sautes d'humeur. Beaucoup se sont plaints de son inconstance : ce qui, un jour, était une idée sans intérêt pouvait, le lendemain, devenir un trait de génie – et accessoirement celui de Jobs plutôt que de tout autre. Mais le projet Mac mit aussi en lumière ses qualités de manager. Le produit fini fut si extraordinaire que l'on en vient à se demander si la fin ne justifiait pas les moyens. De fait, Bud Tribble, un membre de l'équipe à l'origine du Mac, a raconté combien Jobs savait y faire pour persuader sa troupe qu'elle était sur le point de créer quelque chose de génial : « Il est capable de convaincre n'importe qui d'à peu près n'importe quoi », se souvient-il encore, avant d'ajouter sarcastiquement : « Le phénomène s'estompe quand il n'est plus là. » Peut-être est-ce cette aptitude à insuffler aux gens de nouvelles ambitions qui représenta la plus grande force de Steve Jobs.

Le pygmalion d'Apple n'était pas de ceux qui se lancent dans les affaires pour lier des amitiés. Mais cet homme accordait beaucoup d'importance aux gens, ce qui rend ses quelques égarements en matière de gestion humaine d'autant plus incompréhensibles. Comme le confia Richard Branson au magazine *Shortlist*, en 2012 : « Il y a trop de chefs d'entreprise qui sont prêts à sauter à la gorge des gens ou à commander par la terreur, ce qui est stupide », avant d'ajouter : « Steve Jobs était plutôt brutal et il s'en est très bien sorti malgré cela, mais ce n'est pas ainsi qu'il faut s'y prendre. »

En définitive, le fondateur d'Apple a-t-il atteint l'objectif qu'il s'était fixé, à savoir créer un climat dans lequel les gens réaliseraient de plus grandes choses que ce dont ils se croyaient capables ? Sans aucun doute.

14.

Dominez l'attrait de l'argent (avant qu'il vous domine)

« Être l'homme le plus riche du cimetière m'importe peu…
mais me coucher tous les soirs en me disant que
nous avons réalisé quelque chose de merveilleux,
voilà ce qui m'importe. »

STEVE JOBS

Ne le faites pas que pour l'argent

Le précepte en exergue – qui est extrait d'une interview donnée par Steve Jobs au *Wall Street Journal*, en 1999 – peut paraître un peu candide quand le compte en banque de son auteur compte autant de chiffres qu'un numéro de téléphone. Mais si l'on excepte le jet privé et le yacht luxueux, il est de notoriété publique que Steve Jobs mena une existence assez modeste en comparaison de certains de ses pairs. Il vivait dans une maison qui n'avait rien d'un palais et s'habillait aussi simplement que ceux qui achetaient ses produits.

Il évoqua souvent sa relation ambivalente à l'argent : en 1996, il raconta comment, à vingt-trois ans, il avait gagné son premier million et comment, à vingt-cinq ans, il l'avait multiplié par cent, ajoutant que ces faits n'avaient aucune importance, car il n'avait jamais agi pour des raisons financières. Et, dans les années 2000, il déclara : « Je suis la seule personne de ma connaissance à avoir perdu un quart de million de dollars en un an… Ça forge vraiment le caractère. »

Par ailleurs, Jobs affichait une aversion pour la notion d'entrepreneur – un terme qu'il associait à l'opportuniste créant une société dans le seul but de la revendre ou de l'introduire en Bourse pour faire fortune. En effet, il semble difficile d'affirmer qu'en ce qui le concerne l'appât du gain fut sa motivation primordiale. Mais pour ne pas s'en tenir à sa seule parole, voyons ce qu'en pense Walt Mossberg, le très respecté expert en technologie du *Wall Street Journal* : « Il a fait ce que doit faire un PDG. Il a recruté et inspiré des gens formidables, géré son entreprise dans une optique à long terme, pas celle du trimestre ou celle du cours de l'action à court terme ; il a fait de gros paris et pris de gros risques. »

> « En bref, je ne suis pas revenu chez Apple pour faire fortune. J'ai eu beaucoup de chance dans la vie et j'en ai déjà une. »
>
> STEVE JOBS

Soyez juste

Reste que la relation de Jobs à l'argent ne fut pas si simple que cela. Nous savons, en particulier, qu'elle fut, comme c'est souvent le cas, un peu plus douloureuse à l'époque où il en avait moins. Il n'était pas issu d'un milieu aisé, et il serait ridicule d'imaginer qu'il n'aspirait pas à la sécurité financière. Il ne voulait pas de l'existence précaire qu'avait menée ses parents, ni des angoisses qu'avait connues son père lorsqu'il avait obtenu sa licence d'agent immobilier, au moment même où le marché s'effondrait. Ce désir d'accéder à des moyens confortables explique sans doute un épisode présumé qui mit à l'épreuve son amitié avec Woz. À l'époque où il travaillait chez Atari, l'un des fondateurs de la société, Nolan Bushnell, lui demanda de réaliser le prototype d'un jeu (Breakout, un modèle bien de son temps, avec des joueurs frappant des balles contre un mur) en quatre jours maximum. Conscient qu'il aurait du mal à relever ce défi, il mit son copain Woz sur le coup. Il partagea effectivement avec son sauveur les 700 dollars que lui rapporta cette mission, comme les deux compères l'avaient déjà fait avec les bénéfices de la blue box. Mais, à en croire un ouvrage consacré à l'histoire d'Atari qui parut quelques années après, Bushnell fut si content du produit fini remis par Jobs qu'il lui octroya une prime complémentaire de 5 000 dollars… dont Steve Wozniak ne vit jamais la couleur. Lorsqu'il en fut informé, cette affaire le mit hors de lui, même si, à cette époque, les deux partenaires pesaient déjà plusieurs millions chacun. Jobs restera très susceptible sur le sujet jusqu'à la fin de sa vie. Que conclure de cette anecdote si elle est vraie ? Sans doute qu'à l'instar du commun des mortels Steve Jobs n'était pas immunisé contre l'appât du gain.

Ne vous bradez pas

Ce faible pour l'argent aurait d'ailleurs pu bouleverser l'existence de Steve Jobs si, juste avant la sortie de l'Apple II, il était parvenu à mener à bien une opération pourtant sans grande envergure. Alors qu'il cherchait de nouveaux investisseurs pour financer le développement de l'Apple II, la firme retint l'attention des cadres de Commodore, un fabricant de calculatrices très connu qui souhaitait se lancer dans les ordinateurs. Considérant le potentiel de la Pomme, elle fit une proposition pour la racheter. Jobs annonça un prix de 100 000 dollars, assorti d'une condition : Woz et lui-même devaient être maintenus dans l'entreprise pour un salaire annuel de 36 000 dollars chacun. Finalement, la direction de Commodore déclina l'offre, mais avouons que Jobs avait tenté le diable : s'il ne s'était pas montré si gourmand, l'aventure aurait pu s'arrêter là.

Son comportement suscita également des tensions avec le père de Steve Wozniak qui estimait, non sans raison, que son fils était le rouage essentiel de la société. Sans lui, disait-il, il n'y aurait eu ni Apple I ni Apple II, et Jobs n'aurait rien eu à vendre. Woz, pour sa part, était plus circonspect, conscient que sans l'intervention de son copain il aurait sans doute divulgué gratuitement ses inventions.

Partagez équitablement

À la suite de l'entrée en Bourse d'Apple, d'autres sujets de discorde allaient émerger. Son introduction sur le marché, le 12 décembre 1980, fut l'une des plus spectaculaires de la décennie, plus de quarante cadres devenant instantanément millionnaires. À elle seule, la participation de 15 % de Steve Jobs fut évaluée à la somme confortable de 220 millions de dollars. Mais cette opération mit aussi en lumière quelques disparités troublantes entre les salariés. Bien qu'ils aient été compagnons des premières heures, des figures aussi incontournables que Bill Fernandez, Daniel Kottke et Chris Espinosa ne bénéficièrent pas de l'opération, car ils ne détenaient aucune action d'Apple, alors que d'autres qui, par comparaison, avaient joué un rôle assez mineur dans l'entreprise, se trouvaient subitement propulsés à la tête d'une petite fortune par le truchement des stock-options. Certains en déduisirent que les récompenses allaient à ceux qui récriminaient, tandis que ceux qui se contentaient de faire tranquillement leur boulot étaient laissés pour compte. L'un des cadres offrit de mettre fin à l'injustice faite à Kottke en proposant de lui faire don d'un nombre d'actions identique à celui que Jobs lui transférerait. Steve Jobs accepta le marché avant de préciser… qu'il ne lui en donnerait aucune.

Pour tous, la cotation d'Apple fut à bien des égards une révélation. Bien sûr, la société profita de cet afflux de capitaux pour financer son ascension irrésistible. Mais

l'évènement dévoila par ailleurs des tensions, comme souvent lorsque de gros sous sont en jeu.
Pour sa part, Woz était manifestement mal à l'aise de travailler désormais pour une superpuissance de la technologie. Cet apport massif d'argent les plaçait à la croisée des chemins et marquait la fin de l'époque qui avait vu naître Apple dans le garage de la famille Jobs. Pour ce génie de l'informatique, elle sembla aussi coïncider avec le tarissement du plaisir qu'il tirait de leur aventure.
Quant à Steve Jobs – qui n'aurait plus jamais besoin de s'inquiéter du lendemain – l'opération l'amena à penser que tout ne se résumait pas à l'argent et lui ouvrit de nouveaux horizons. Comme il l'expliquerait par la suite, la recherche de nouvelles expériences extraordinaires deviendrait sa raison de vivre : « Il ne s'agit pas tant de réussir quelque chose d'incroyable. Il s'agit de mettre la main, concrètement, à quelque chose d'incroyable, jour après jour, d'avoir la chance de participer à quelque chose de véritablement incroyable. »

Surveillez vos arrières

Indicatrice d'une bonne gouvernance, la santé financière de l'entreprise resta bien sûr cruciale pour Steve Jobs après la cotation de la société. Il ne sortit pas non plus de cette expérience subitement immunisé contre le pouvoir d'attraction de l'argent. Lors de son retour chez Apple, à la fin des années 1990, on rapporta qu'il avait accepté un salaire initial d'un dollar par an (50 cents pour sa présence, le solde dépendant de ses performances, expliquait-il avec humour), assorti d'une action unique de la société et d'une couverture des frais de santé. Ce geste visait à prouver qu'il était revenu non pas pour consolider sa fortune personnelle, mais pour travailler au succès d'Apple.

Par la suite, il en viendrait toutefois à négocier une rémunération globale, incluant un jet privé d'une valeur de plus de 80 millions de dollars, ainsi qu'un bon paquet de stock-options, estimé à plusieurs centaines de millions. Compte tenu de la réussite de la firme sous sa supervision, peu d'actionnaires lui reprochèrent ces émoluments, mais il serait idéaliste de prétendre que l'argent lui était devenu parfaitement indifférent. De même, l'homme n'était pas réputé pour sa philanthropie, contrairement à son alter ego commercial, Bill Gates. S'il constitua une fondation, il la liquida quelque temps plus tard et, pendant son second mandat au sein d'Apple, mit un terme à divers projets caritatifs.

Quoi qu'il en soit, Jobs insuffla à son travail une énergie et une intensité contagieuses, bien après avoir écarté de ses préoccupations personnelles toute forme de nécessité économique. Paradoxalement, ce ne fut qu'après avoir amassé beaucoup plus d'argent qu'il ne pouvait en dépenser qu'il parvint véritablement à en devenir le maître.

15.

Ne négligez pas le design

« Soyez une référence en matière de qualité.
Certains ne sont pas habitués à un environnement
où l'excellence est de mise. »

STEVE JOBS

Steve Jobs ne comprit jamais pourquoi tant de gens voyaient dans le design un simple vernis, la touche finale d'un objet. À cet égard, il déclara un jour : « Mais pour moi, rien n'est plus fondamental que le design. Il est l'âme d'un produit qui s'exprime du cœur jusqu'à l'enveloppe, couche par couche. » Après le succès fulgurant de l'Apple II, l'Apple III – lancé en 1980 et conçu pour les entreprises – ne fut ni plus ni moins qu'un pétard mouillé. Alors qu'auparavant Woz avait été l'unique artisan, ou presque, de la partie technique des opérations de la société, celle-ci était devenue une grosse machinerie et tout le monde voulut avoir son mot à dire sur le développement de l'Apple III. En tête de ce cortège, Jobs lui-même indisposa beaucoup de gens (voir « Comment rater le management humain », p. 99) et prit une série de décisions discutables. Soucieux d'en faire un objet de beauté, il imposa, par exemple, l'utilisation d'un boîtier trop exigu, qui engendra une kyrielle de problèmes techniques.

En outre, Jobs travaillait sur le projet Lisa pour lequel il avait de grandes ambitions. Il voulait notamment y incorporer de nombreuses avancées technologiques, repérées à l'origine pendant sa visite au Xerox PARC. C'est aussi pour ce modèle que, pour la première fois, il exhorta ses effectifs à « ouvrir une brèche dans l'univers ». Mais Apple traversait alors des moments difficiles : on murmurait que l'avenir de l'Apple III avait été fortement compromis par l'autoritarisme et l'ingérence de l'ensemble de la direction – et pas seulement les oukases de Jobs. Il fallait que le Lisa soit un succès et la pression était à son comble pour ne pas reproduire les mêmes erreurs. Pour finir, Mike Scott prit la décision d'écarter Jobs du projet.

Mécontent, ce dernier (dont le rôle était peut-être trop peu défini à l'époque) jeta son dévolu – comme nous l'avons évoqué – sur le chantier beaucoup plus modeste du Macintosh. Cette machine devait être un ordinateur assez bon marché pour Monsieur ou Madame Tout-le-monde. En réalité, ce fut la première fois que Steve Jobs était placé seul aux commandes d'un projet, avec les coudées suffisamment franches pour en faire ce qu'il voulait. Le Macintosh nous donne ainsi un excellent aperçu de la manière dont il envisageait le design d'un produit.

Soyez pragmatique

Au cœur de la philosophie de Steve Jobs, il y avait la conviction que le design ne se limite pas à l'apparence d'un produit, mais qu'il touche également à son fonctionnement. Alors que le mot « design » est en général associé à l'aspect extérieur d'un objet, Jobs y voyait autant une référence à l'ergonomie qu'à l'esthétique, le tout procédant de la même équation.
Par ailleurs, il identifiait un lien intrinsèque entre design et innovation, cette dernière ne se limitant pas à l'émergence d'une idée géniale, mais impliquant aussi la mise en œuvre magistrale de cette belle étincelle – un message que de nombreux penseurs « éthérés » feraient bien d'intégrer. S'il reconnaissait l'importance des bonnes idées, l'homme était surtout captivé par la conception de moyens ingénieux pour les mettre en pratique.

Faites simple

Steve Jobs estimait que la plupart des designs de génie puisaient leur force dans la simplicité. À l'instar de Picasso qui disait avoir mis une éternité à réapprendre à peindre comme un enfant, le patron d'Apple estimait qu'un design remarquable par sa sobriété était le fruit d'expérimentations, d'essais, de modifications et d'améliorations sans fin. D'après lui, les produits compliqués signalaient qu'une erreur fondamentale avait été commise à un moment donné. Il développa ce point de vue dans son analyse de la résolution de problème. La plupart des problèmes, considérait-il, donnent tout d'abord l'impression d'avoir une réponse simple. Puis, en creusant un peu, différents niveaux de complexité apparaissent, rendant inévitablement la solution plus alambiquée et compliquée que prévu. À la fin, il faut trouver une solution qui tienne compte de ces subtilités tout en restant simple.

Voilà ce dont rêva Steve Jobs pour le Mac. La machine devait être développée par une cohorte de cerveaux extraordinaires, déterminés à repousser les frontières du possible. Leur mission consistait à explorer les technologies les plus avant-gardistes et à imaginer comment accomplir grâce à elles des choses stupéfiantes. Mais ils devaient trouver le moyen d'intégrer ces merveilles dans un outil dont le commun des mortels saurait se servir pour effectuer des tâches auparavant inimaginables. L'équipage du Macintosh allait conclure cette épopée avec panache au pays du design.

Soyez perfectionniste

L'ordinateur qu'imagina l'équipe du Mac était élégant voire séduisant selon la norme de l'époque. Il s'éloignait des lignes droites et anguleuses qui avaient jusqu'alors dominé les canons de l'esthétique technologique. Et puis il incluait le lecteur de disquettes 3,5 pouces, bien plus soigné que son prédécesseur et également plus pratique, puisque les disquettes tenaient désormais dans la poche d'une chemise. Sans compter les merveilles à découvrir une fois l'ordinateur allumé, depuis l'interface graphique, totalement inédite, à la souris, en passant par le logiciel de traitement de texte raffiné.

Mais aujourd'hui comme hier, le design reste une science inexacte et tandis que le Mac touchait au but, Jobs continuait son apprentissage. Certains estiment ainsi que plusieurs de ses décisions furent extravagantes, comme, par exemple, celle de ne pas incorporer un ventilateur jugé trop bruyant – ce qui provoqua une série de compromis préjudiciables à la mémoire de la machine et une augmentation du risque de défaillance de ses composants. De plus, l'homme abhorrait les ordinateurs dotés d'un nombre – selon lui, excessif – de prises pour les périphériques, et il se heurta régulièrement à tous ceux (y compris Woz) qui souhaitaient au contraire offrir à l'utilisateur un maximum de possibilités en la matière. Avec le recul, d'autres choix qui parurent discutables à l'époque semblent aujourd'hui moins polémiques. En particulier, il fit retirer du clavier du Mac les flèches destinées à en diriger le curseur pour contraindre l'utilisateur à utiliser la souris. Cette exigence en fit tiquer plus d'un, mais vu l'omniprésence de la souris dans l'informatique moderne, qui peut dire, au bout du compte, que sa décision ne fut pas la bonne ?

Rappelez-vous qu'il n'y a pas de mauvaise idée

Au cours de la cérémonie organisée en mémoire de Steve Jobs, en 2011, Jonathan Ive – son fidèle et génial designer pendant son second mandat au sein d'Apple – évoqua la manière dont son patron abordait l'élaboration du design d'un produit ; il rappela notamment le plaisir qu'il prenait, lors de sessions de remue-méninges, à lancer des idées pour les soumettre au débat. Selon les dires d'Ive, il y en avait des « nases » et d'autres « vraiment épouvantables », mais toutes avaient le mérite de susciter des tsunamis cérébraux qui « pompaient l'oxygène de la salle… des idées culottées, dingues, sublimes ou d'autres, toutes simples qui, dans leur subtilité, leurs détails, avaient énormément de profondeur. »

Évoluez, tâtonnez, améliorez

Pour le iMac, Steve Jobs avait laissé à Jonathan Ive une liberté inédite et, à eux deux, ils réalisèrent une machine qui, avec sa forme triangulaire sensuelle et son boîtier transparent, ne ressemblait à rien d'autre sur le marché. Commercialisé en 1998, cet ordinateur donna lieu à la plus rapide croissance des ventes de toute l'histoire d'Apple. Les années qui suivirent connurent la naissance de l'iPod, de l'iBook, de l'iPad et de l'iPhone, chacun flattant l'œil, chacun offrant des fonctionnalités simples, tous intégrant de nouvelles solutions technologiques. Même les emballages d'Apple traduisent cette vision de Jobs en matière de design : simplicité, commodité, jubilation de la découverte. Demandez donc ce qu'elle en pense à une personne qui vient de sortir son tout nouvel iPod de sa boîte.

En termes de design, Jobs se considérait plus comme un découvreur que comme un inventeur. Lors d'une conversation avec le Dr Edwin Land qui fit la renommée de Polaroid, Steve Jobs admit qu'il avait l'impression que le Mac avait toujours été là, quelque part, attendant seulement d'être découvert. Par définition, le secteur de la technologie est constamment confronté à des problèmes complexes. Jobs a bâti son succès sur sa capacité à s'attaquer à cette complexité, à la maîtriser et à la simplifier pour le consommateur avant de la lui vendre sous une très jolie forme. En matière de design, il se peut que son instinct n'ait pas toujours été infaillible, mais les produits qu'il nous a laissés en héritage lui donnent très largement gain de cause.

COMMENT CRÉER UN CLASSIQUE DU DESIGN EN UN CLIN D'ŒIL

X

Au début des années 2000, l'industrie de la musique était en pleine mutation. Les maisons de disques qui – pour le meilleur ou pour le pire – avaient imposé leur loi pendant plus d'un siècle se voyaient évincées par l'émergence d'une technologie numérique bon marché, facile à pirater. Les CD qui avaient envahi le marché de la distribution musicale, en supplantant peu à peu les disques vinyle et les cassettes dans les années 1980, subissaient à leur tour le même sort. De jeunes passionnés d'ordinateur, peu soucieux de propriété intellectuelle, semblaient prêts à s'emparer de la totalité du secteur. C'est alors que dans ce Far West auditif apparut l'iPod, et tout changea.

Lorsqu'il fut dévoilé à la fin de l'année 2001, l'iPod n'était ni le premier ni le moins cher des lecteurs MP3 disponibles à la vente. Pourtant, à l'aube du nouveau siècle, il devint le « must-have » de tout amateur de musique qui se respectait. Comment l'iPod fit-il la différence ? La réponse tient en quelques mots : le génie de son design.

Le développement de l'iPod débuta véritablement quand Jobs en confia le projet à Jon Rubinstein. Celui-ci constitua une équipe de cracks composée d'ingénieurs tels que Michael Dhuey et Tony Fadell, ainsi que du designer d'origine anglaise, Jonathan Ive. À peine un an plus tard, l'iPod était sur le marché – un cas d'école illustrant les réalisations brillantes d'Apple sous la direction de Steve Jobs.

L'une des premières avancées vit le jour lorsque Rubinstein fut informé de l'existence d'un lecteur de disquette miniature, mais très puissant, que le géant japonais de la technologie, Toshiba, venait d'inventer. Constatant que personne ne semblait très fixé sur son utilité pratique, Rubinstein en acheta les droits exclusifs pour Apple. La machine venait de trouver son moteur.

En parallèle, Ive se mit au travail pour lui inventer une apparence et une ergonomie. Il avait rejoint Apple en 1992 et en avait grimpé les échelons grâce à des propositions très inspirées pour plusieurs produits de référence, dont l'iMac, visuellement très novateur. À l'instar de Jobs, il abordait tout projet de design avec un souci de simplicité et d'épure. Or, il s'avéra que la technologie utilisée pour l'iPod se prêtait parfaitement à cette esthétique minimaliste.

Des menus hiérarchiques permettaient à l'utilisateur de rechercher un morceau de musique de multiples façons, notamment par artiste, par album et par genre. Et puis il comportait le fameux « click wheel », une molette circulaire, à la fois révolutionnaire et élégante, qui autorisait la sélection de musiques en un temps record, mais aussi le retour ou l'avance rapide, ainsi que l'ajustement du volume. S'il fallait citer une seule invention illustrant à la perfection la philosophie d'Apple – à savoir que la simplicité est l'ultime sophistication –, ce serait le « click wheel ».

Pour la couleur, Ive estima qu'il n'existait pas de teinte plus simple et dépouillée que le blanc. Il l'adopta également pour les écouteurs. Bien sûr, il y eut des sceptiques pour critiquer ce choix, mais force est de reconnaître qu'il permet de distinguer instantanément le produit entre tous, dans le monde entier. Jonathan Ive surveilla étroitement l'esthétique de chaque élément de l'iPod, jusqu'à son emballage. Le numéro de série fut gravé sur le boîtier pour éviter tout autocollant disgracieux et ce sont de jolis clips (plutôt que des fils grossiers) qui maintiennent l'objet dans sa boîte. C'est dans ce genre de détails que se loge l'excellence.

Quant au nom lui-même, on en attribue le crédit à un publicitaire indépendant, prénommé Vinnie Chieco, qui reçut pour mission d'inciter le grand public à adopter le nouveau gadget. Comme Jobs expliquait souvent que le Mac constituait une plateforme pour d'autres services, Chieco se souvint de la célèbre phrase de *2001, l'Odyssée de l'espace* : « Open the pod bay door, Hal ! »

(« Ouvre la porte externe, Carl ! ») – le « vaisseau-mère » étant le Mac et le « pod » la capsule). Une fois le « i » ajouté – ce préfixe classique des productions Apple –, l'iPod était né. Par chance, la société avait déjà déposé ce nom, en lien avec des bornes Internet à destination du public, mais l'équipe en charge du projet ne le savait pas encore. Cette anecdote nous offre peut-être une leçon complémentaire : il arrive qu'en marge d'efforts acharnés, un hasard heureux – la sérendipité – intervienne et change la donne.

Selon Jonathan Ive, la genèse de l'iPod ne fut pas le fruit d'éclairs de génie individuels, mais d'un processus laborieux de discussions entre designers, ingénieurs et fabricants, qui suscita des modifications et des améliorations incessantes. Si la modestie influence probablement cette analyse, elle reflète bien le style d'Apple.

Enfin, l'ensemble fut ficelé par un slogan magistral, qui résumait parfaitement ce qu'il y avait à dire sur le produit, tout en enflammant l'imagination et en ouvrant une infinité de possibles : « 1 000 chansons dans votre poche. »

« Steve, merci d'avoir été un mentor et un ami. Merci d'avoir montré que ce que l'on construit peut changer le monde. »

MARK ZUCKERBERG

16.

Faites rêver

« Clic. Boom. Dingue ! »

STEVE JOBS

Peu de sociétés sont parvenues aussi bien qu'Apple à se libérer d'une certaine routine pour devenir un pourvoyeur de rêves. Parfois, la firme semble avoir su fédérer des disciples plutôt que des clients, qui veulent croire à la promesse d'une vie meilleure. Une telle culture a été nourrie par près de trois décennies de publicité astucieuse et inspirée.

Le spot publicitaire avant-gardiste du Macintosh, inspiré de *1984*, diffusé durant une mi-temps du Super Bowl, fournit beaucoup d'indications sur la philosophie que son constructeur a toujours voulu insuffler à sa communication.

- L'achat d'un créneau publicitaire durant le Super Bowl est très onéreux. Un tel investissement ne se décide pas à la légère. Apple entendait faire savoir qu'elle n'était pas là pour rigoler.
- Le Super Bowl est l'émission de télé la plus regardée aux États-Unis. En s'adressant à un auditoire aussi large, Apple affirmait qu'elle disposait de produits pour tous, et pas seulement pour une élite de passionnés d'informatique. Pour la première fois dans l'histoire, il s'agissait d'une technologie destinée au grand public.

- Le spot publicitaire était une interprétation de la contre-utopie dépeinte par George Orwell dans *1984*. Réalisé par un pilier incontournable d'Hollywood, Ridley Scott, sous la forme d'un long métrage miniature, il n'évoquait pas tant les fonctionnalités du produit que les choix de style et de vie qui lui étaient associés, donnant ainsi le ton d'innombrables campagnes promotionnelles à venir.
- Dans ce film, une héroïne « ordinaire », arborant sur son tee-shirt le dessin stylisé d'un Macintosh, traversait en courant un décor orwellien avant de pulvériser la représentation de Big Brother sur un écran gigantesque. Un slogan expliquait alors au spectateur qu'avec l'apparition du Macintosh « vous comprendrez pourquoi 1984 ne sera pas comme "1984" ». Apple se plaçait ainsi du côté des rebelles, des combattants pour la liberté, des individus en quête d'un avenir meilleur – tout en égratignant au passage son plus grand concurrent de l'époque, IBM (l'avatar implicite de Big Brother).

Mais les campagnes publicitaires d'Apple n'eurent pas toutes autant de succès. En 1985, celle concoctée en vue de l'édition suivante du Super Bowl dépeignait les utilisateurs d'ordinateurs d'entreprise comme des moutons de Panurge, des suiveurs qui finissent par se jeter dans le vide. Cette allusion probable aux malheureux qui ne se fournissaient pas encore auprès d'Apple rata sa cible. De fait, il semble difficile d'imaginer Pepsi se moquer des buveurs de Coca, l'affront n'étant vraisemblablement pas de nature à les inciter à changer de marque.

Rivalisant avec celle de 1984 pour le titre de publicité la plus célèbre d'Apple, la campagne « Think different », qui fut diffusée entre 1997 et 2002, continua d'explorer le thème du défi au statu quo. Elle suggérait que les clients d'Apple refusaient les barrières imposées par la « norme ». À l'aube du XXIe siècle, la Pomme entreprit de rallier à sa marque les adeptes de son principal concurrent, Microsoft. C'est ainsi que naquit sa campagne « Switch », qui suggérait qu'opérer un tel *switch* (c'est-à-dire un « changement de fournisseur ») équivalait à prendre son destin en main et à ouvrir une myriade d'opportunités.

À plusieurs reprises, le recours à cette idée, selon laquelle l'acquisition d'un produit Apple est un geste d'affirmation de soi, a même permis de ne plus concentrer le message publicitaire sur la marque elle-même. Ainsi, instantanément, la publicité imaginée pour l'iPod devint culte et reconnaissable entre toutes, en mettant en scène de simples silhouettes se déchaînant sur de la musique avec une telle jubilation que le spectateur avait envie de leur arracher leurs écouteurs pour en profiter à son tour. En général, les pubs Apple en disent très peu sur les fonctionnalités du produit ou sur son prix, préférant nous laisser entrevoir la sensation formidable que procure sa possession.

« THINK DIFFERENT »

Comme nous l'avons vu à propos des « Héros de Steve Jobs » (voir p. 46), la campagne publicitaire « Think different » a associé Apple à une série de repousseurs de frontières et de dissidents. Bien qu'aucune de ces personnalités n'ait été véritablement connue pour être adepte de la Pomme, le spot suggère sans ambiguïté qu'Albert Einstein aurait très certainement élaboré sa théorie de la relativité sur un Mac, et que Gandhi aurait forcément conquis la liberté de son peuple au son d'un iPod si de tels produits avaient alors été disponibles.

Afin d'éviter toute accusation de réappropriation commerciale de ces icônes mondiales, Apple leur promit à toutes (ou à leurs héritiers) de faire un don d'argent et d'équipement informatique aux organisations caritatives de leur choix. Cette campagne avait une importance cruciale pour Apple, car elle était censée restaurer son crédit auprès des adeptes de la contre-culture, après une décennie au cours de laquelle cette contestataire des premiers temps semblait être peu à peu rentrée dans le rang. Le texte du message publicitaire diffusé à la télévision nous donne, par ailleurs, un magnifique résumé de la philosophie d'Apple – et de son fondateur, en particulier :

« Les fous, les marginaux, les rebelles, les anticonformistes, les dissidents. Tous ceux qui voient les choses différemment, qui ne respectent pas les règles. Vous pouvez les admirer ou les désapprouver, les glorifier ou les dénigrer. Mais vous ne pouvez pas les ignorer. Car ils changent les choses. [...] Ils font avancer l'humanité. Là où certains ne voient que folie, nous voyons du génie. Car seuls ceux qui sont assez fous pour penser qu'ils peuvent changer le monde y parviennent. »

(TEXTE DE TBWA/CHIAT/DAY POUR APPLE.)

17.

Fondez une communauté de clients

« La plupart des gens n'ont pas la moindre idée de la manière dont fonctionne une transmission automatique et, pourtant, ils conduisent leur voiture. Vous n'avez pas besoin d'étudier la physique et de comprendre les lois du mouvement pour conduire une voiture. Vous n'avez pas besoin de comprendre quoi que ce soit pour utiliser un Macintosh. »

STEVE JOBS

Récompensez la loyauté

Du temps de Jobs, l'un des grands tours de force d'Apple fut de permettre à ses clients de s'identifier à des libres-penseurs tout en ayant l'impression d'appartenir à une communauté d'individus progressistes, créatifs et tournés vers l'avenir. Plus génial encore, cette appartenance enviable leur était garantie par le simple achat – contre espèces sonnantes et trébuchantes – d'un fragment sublime d'innovation technologique.

Dès les premiers temps d'Apple, Steve Jobs eut la conviction que son succès dépendrait de sa capacité à fidéliser une clientèle à long terme, par opposition à des coups commerciaux ponctuels. Du temps de son premier passage chez Apple, il eut sans doute l'ambition de fournir un ordinateur à chaque être humain, mais rapidement il eut le bon sens de réaliser qu'IBM allait, selon toute vraisemblance, dominer le marché des entreprises, à court ou à moyen terme au moins. Ne se décourageant pas, il comprit que le secteur de l'éducation était encore un cœur à prendre et lui sortit le grand jeu : il existait à portée de main une communauté prête à l'emploi, qu'il pouvait attirer dans le giron d'Apple. La société créa donc une fondation toute dévouée à l'enseignement qui fit des dons aux professeurs et aux développeurs de logiciels éducatifs. La firme à la pomme offrit par ailleurs des ordinateurs aux établissements scolaires et se fraya un chemin jusqu'au marché des universités – à ce jour, les étudiants bénéficient encore d'un rabais sur beaucoup de produits Apple. En pratiquant ainsi, nombre de ceux qui avaient appris à se servir d'un ordinateur à l'école ou à la fac restèrent acquis à la marque. Donnez-moi un enfant et je vous donnerai l'homme. Prenez-les tout jeunes et vous aurez un client à vie.

Quoi qu'il en soit, Steve Jobs réfuta toujours, comme une plaisanterie, toute allusion à l'existence d'une « secte du Mac », même s'il convint qu'Apple bénéficiait d'une loyauté extraordinaire de la part de sa clientèle. De fait, pour certains, le monde se divise entre les « disciples d'Apple » et les autres. Steve Jobs attribuait bien sûr ce phénomène à la qualité de ses produits et au fait que les utilisateurs appréciaient qu'un fabricant d'ordinateur ait anticipé tous les problèmes qu'ils pouvaient rencontrer.

Vendez un style de vie

La communication publicitaire a grandement favorisé cette fidélité extraordinaire du consommateur en l'exhortant à « penser différent » et en associant la marque à une sélection très judicieuse de repousseurs de frontières emblématiques, sans oublier l'élégance atemporelle des silhouettes liées à l'iPod. Ces campagnes de publicité nous parlent autant d'un style de vie – choisir la personne que l'on désire être – que d'un produit. Reste qu'au bout du compte ce ne sont pas les agences de pub qui créent les communautés. Celles-ci se développent de manière organique. Or, dès l'origine, quand les deux Steve assistaient encore aux séances de clubs d'informaticiens dans des garages, la culture Apple a intégré ce paramètre social.

Nées en 1985, les *Macworld Conventions* en sont l'expression la plus extrême. Véritables carnavals à la gloire d'Apple, ces salons regroupent tout ce que le secteur compte de professionnels, de clients, de commentateurs et de passionnés pour fêter la sortie des dernières trouvailles de la société et débattre de leurs mérites. Du vivant de Jobs, ces évènements lui offraient en outre une plateforme à partir de laquelle il lançait ses nouvelles machines, le scoop étant immédiatement relayé à la une des plus grands quotidiens (pas uniquement celle des magazines spécialisés), ainsi que par les chaînes de télévision, les stations de radio et Internet. Tous ceux qui ont assisté à ces grands-messes ont pu avoir l'impression légitime d'être les témoins de moments historiques, et ils ont eu la chance d'observer un maître de la communication en action.

Sous l'impulsion de Steve Jobs, Apple a réussi à faire ce dont beaucoup d'entreprises rêvent, sans y parvenir : créer un environnement dans lequel l'achat du produit devient une expression de la personnalité du client. Voilà pourquoi tant de gens ne quittent plus jamais le navire, une fois qu'ils ont embarqué.

« Merci pour les outils, l'inspiration, les possibilités... »

TRENT REZNOR

18.

Visez le Big Bang

« C'est un truc historique. Je ne peux pas le surestimer. »

STEVE JOBS

En 2003, Jobs déclara aux étudiants de la Harvard Business School : « Je comprends qu'on puisse apprécier une certaine réserve, mais, personnellement, je suis plutôt du genre Big Bang. » Parmi les innombrables cordes à son arc, l'homme fut un des meilleurs commerciaux de notre temps. S'il savait que sa marchandise était fabuleuse, il savait aussi en vanter les mérites de façon magistrale.

Ce talent s'exprima en particulier lors du lancement du HigHProfile dont il s'occupa personnellement. Andy Hertzfeld, l'un des développeurs du premier Macintosh, a mis en lumière ce qu'il qualifie de « champ de distorsion de la réalité » – une expression qui, peut-être tirée de *Star Trek*, est censée décrire la manière dont Steve Jobs parvenait à fédérer une équipe autour de l'idée la plus farfelue grâce à un mélange d'audace, de sens du marketing, de persévérance et d'une bonne dose de charme. Il est vrai que, lors de ses présentations pour le lancement d'un produit, il réussissait à captiver l'attention des médias du monde entier comme personne auparavant. Qu'est-ce qui pouvait faire de lui un orateur si fascinant ?

Ne vous contentez pas d'expliquer : captivez

Les présentations professionnelles se résument trop souvent à un exposé aride et monotone, centré sur les spécifications du produit et les prévisions de ventes. Steve Jobs n'oubliait pas d'évoquer les aspects techniques et les chiffres, mais il faisait de son mieux pour les rendre intéressants. Quand il estimait que quelque chose était « génial », il le disait. Car il avait compris qu'il ne devait pas simplement vendre un produit, mais aussi une envie. Souvenez-vous de ses paroles lorsqu'il présenta l'iPod : « À notre humble manière, nous allons créer un monde meilleur. »

Désignez un ennemi commun

Steve Jobs avait le don de nous persuader que seuls ses produits pourraient nous sortir du marasme dans lequel un autre nous avait précipités. Parfois, l'« ennemi » était une société rivale qui, à l'en croire, empêchait le consommateur de profiter du progrès – notamment IBM, aux débuts d'Apple, puis, plus tard, Microsoft. Mais il arriva, tout aussi souvent, qu'il désigne un problème à résoudre comme le fauteur de troubles : avant l'évolution de l'iPod, combien d'entre nous avaient en effet réalisé que devoir se contenter d'un millier de morceaux, contenus dans un gadget minuscule, représentait un frein au progrès, car nous avions véritablement besoin d'accéder à 5 000 voire à 40 000 mélodies en un clic ?

KISS

L'invention de cet acronyme est attribuée à Kelly Johnson, le patron légendaire du Lockheed Skunk Works, le centre de recherches du constructeur aéronautique américain. Il s'agit d'une abréviation de « Keep it simple, stupid » (« Fais simple, idiot »). Jobs l'appliqua de façon scrupuleuse. Ainsi, il n'ébauchait pas ses présentations sur son Mac, mais au moyen d'un papier et un crayon. De même, il employait un langage qui s'adressait à l'homme de la rue, et non aux têtes pensantes de ses laboratoires de recherche. Le jargon technique et les acronymes étaient envisageables pour les réunions au sommet, mais pas pour les présentations publiques. Et s'il citait un chiffre, il s'assurait de pouvoir en fournir une explication concrète. Par exemple, lors d'une conférence devenue mémorable, il informa son auditoire que les ventes d'iPhone avaient atteint les quatre millions d'exemplaires, avant de préciser que ce record équivalait à 20 000 achats par jour. De même, en 2007, à l'occasion de l'une de ses fameuses *Keynotes* (« discours de lancement »), il déclara : « Nous vendons plus de cinq millions de chansons par jour maintenant. N'est-ce pas incroyable ? Cela fait cinquante-huit chansons chaque seconde de chaque minute de chaque heure de chaque jour. » Ainsi contextualisé, ce chiffre prenait tout son poids.

N'abrutissez pas votre auditoire

S'il arrivait que les présentations de Jobs soient assez longues (elles dépassaient souvent l'heure et demie), il ponctuait régulièrement son monologue d'intermèdes sous la forme de petits films ou d'interviews d'invités. En introduction, il exposait également à l'assistance le contenu exact de ce dont il allait parler afin que chacun sache à quoi s'attendre. Ensuite, il marquait clairement le début et la fin de chaque partie pour en améliorer la compréhension. Dans le même esprit, les supports visuels auxquels il recourait ne ressemblaient en rien aux graphiques compliqués privilégiés par d'autres chefs d'entreprise, mais ils se résumaient plutôt à des images simples et percutantes, comportant très peu de texte. Enfin, il s'attachait à émailler ses interventions de phrases et de slogans suffisamment concis pour qu'ils puissent s'imprimer dans les consciences, avant d'être relayés par les journaux et repris par la twittosphère.

Laissez-les sans voix

Steve Jobs avait sans aucun doute un penchant pour la mise en scène et adorait les prestations grandioses. Lors du lancement du MacBook Air, par exemple, il sortit l'objet – un portable extraplat – d'une simple enveloppe en papier kraft, sous les yeux médusés du public. Il alla jusqu'à créer sa propre petite formule, qu'il plaçait, dans un style très Columbo, avant ses annonces les plus décoiffantes : « Oh, and one more thing… » (« Ah, oui, encore une chose… »). Quand on a quelque chose à vendre, il n'y a pas de mal à être un peu cabotin. Ce sont de tels artifices qui feront parler de vous dans les journaux ou autour de la machine à café.

C'est en forgeant…

Comme tous les grands acteurs, Steve Jobs répétait ses interventions (à voix haute) jusqu'à l'épuisement, afin de donner l'impression à son public qu'il n'avait pas préparé son discours à l'avance (et pour tous ceux qui souffrent de trac, il est intéressant de noter qu'il était toujours très nerveux avant les allocutions importantes). À cet égard, on raconte qu'avant toute présentation majeure il consacrait jusqu'à deux jours complets à ces répétitions pour s'assurer que le moindre détail était en place. Si James Brown a acquis la réputation d'être le plus grand bosseur du show business, la palme revient à Steve Jobs au sein de la Silicon Valley.

L'UNIFORME DE STEVE JOBS

Dès la fin des années 1970, Steve Jobs réalisa ses premiers millions et troqua sa panoplie grunge de hippie hirsute aux pieds nus pour des costumes sur mesure élégants, à l'occasion assortis d'un nœud papillon. Mais ni l'un ni l'autre de ces extrêmes vestimentaires ne dura très longtemps. Bientôt, Jobs élabora sa propre signature esthétique : col roulé noir et blue jeans, complétés par une paire de tennis New Balance.

Si cette apparence, sortie tout droit du magazine de mode de papa, était reconnaissable entre toutes lors d'un lancement de produit, elle n'avait rien de *cool*. Il en fit pourtant quelque chose de si remarquable que, dans les jours et les semaines qui suivirent son décès, St. Croix Collections – une maison réputée pour être la marque préférée de Jobs en matière de col roulé – enregistra une croissance énorme de ses ventes. Il paraît que le patron d'Apple leur achetait chaque année deux douzaines de pulls, à 175 dollars pièce.

Même si un tel look ne dénotait pas un sens aigu de la mode, il n'en demeure pas moins qu'il collait à l'homme et à son entreprise : un style net, étrangement atemporel, fonctionnel et sans chichis. Un bon résumé d'Apple, en quelque sorte.

Il fut un temps où, comme en témoignent nombre de vieilles photos, Steve Jobs portait des costumes lors des présentations et des réunions professionnelles. Mais, au début des années 1980, il se rendit dans l'une des usines de Sony, au Japon, et en profita pour aller voir comment se débrouillait son ami Akio Morita aux commandes de cet empire. L'Américain fut alors frappé par le « lien » que tissait entre eux l'uniforme adopté par l'ensemble des employés. Il y songeait encore lorsqu'il contacta le styliste japonais Issey Miyake qui s'était fait un nom en intégrant la technologie à ses créations. Relevant le défi que lui lança Jobs, il imagina pour le personnel d'Apple une veste en nylon pourvue de manches amovibles. Mais le jeu démocratique, très puissant au sein de la société, fit que les salariés lui opposèrent un non catégorique.

Malgré ce camouflet, leur boss resta convaincu qu'il devait en inventer un, au moins pour lui-même – une tenue élégante, mais néanmoins confortable. Miyake lui proposa alors le fameux col roulé, qui fit de Steve Jobs l'improbable icône de mode que l'on sait.

19.

Trouvez un dragon à terrasser

« Je n'ai aucun problème avec la réussite [de Microsoft]. J'ai juste un problème avec le fait qu'ils fabriquent des produits de troisième zone. »

STEVE JOBS

Rester au sommet

Au début de ce livre, nous avons évoqué l'enthousiasme avec lequel Steve Jobs avait joué son rôle de dissident. Nous avons également vu qu'Apple avait su développer chez ses adeptes un sentiment d'« appartenance communautaire » (à la famille Apple) et d'« altérité » (pour ceux qui n'en font pas partie). De telles notions sont fondées sur des oppositions. Pour chaque « outsider » – une personne « hors du cercle » –, il y a un « insider » – une personne « initiée » ; à chaque « nous » correspond un « eux ». Jobs faisait preuve d'une subtilité immense et d'une maîtrise remarquable dans l'identification d'un « autre » – en général, un monstre sans visage – auquel il fallait résister. Comment s'y prenait-il ?

Aux premiers temps d'Apple, ce fut facile. La société n'était qu'un tout petit pion piloté par une poignée de jeunes passionnés, qui tentaient de s'en sortir depuis un bureau établi dans un garage. À ce stade, IBM représentait un ennemi clairement identifiable. Pour ces nouveaux trublions, il était simple de dépeindre ce colosse comme un vieux pachyderme poussif, fabriquant des machines vieillottes pour des *has been* en costard-cravate. Leur message implicite suggérait qu'IBM entretenait le confort de l'Amérique des affaires, tandis qu'Apple ouvrait à des libres-penseurs la voie vers un monde meilleur.

Ⓓ Cette approche connut son apothéose en 1981, lorsque Apple s'offrit une pleine page de publicité dans le *Wall Street Journal* afin de « célébrer » le lancement du premier PC d'IBM : « Bienvenue à IBM. Sans blague. Bienvenue sur le marché le plus exaltant et le plus important depuis les débuts de la révolution informatique, il y a trente-cinq ans... » Difficile de démontrer avec plus d'efficacité le retard et l'essoufflement d'IBM.

Ⓓ À cette époque, Apple ne pouvait déjà plus prétendre être l'entreprise en roue libre qu'elle était encore, cinq années auparavant. Dès 1982, elle avait fait son entrée dans la liste Fortune 500, ce bastion de titans des affaires. Jobs persista néanmoins à portraiturer IBM comme le monolithe ennemi. En 1984, l'année du fameux spot publicitaire d'Apple lors du Super Bowl, Jobs alla même jusqu'à déclarer qu'IBM voulait rayer Apple de la carte. Dans ses rêves les plus fous, peut-être, mais une telle assertion paraissait en réalité difficilement crédible. En fait, peu importait la pertinence de cette analyse du moment qu'elle préservait le paradigme du « eux et nous ».

- Jobs entretint cette image d'Apple – ou, du moins, celle de l'équipe du Macintosh – comme étant un électron libre, un hors-la-loi naviguant à contrecourant grâce à des formules telles que « Mieux vaut être un pirate que s'enrôler dans la marine. »
- Cette stratégie de stigmatisation d'IBM avait d'ailleurs beaucoup de sens. Tandis qu'Apple collectionnait les éloges et atteignait des records de ventes, IBM n'en restait pas moins un concurrent puissant qui, au milieu des années 1980, continuait de remporter les batailles commerciales. Mais un autre acteur de poids s'était invité dans le paysage et il fallait également s'en occuper : Microsoft. Jobs trouva dans ce leader du marché du logiciel un autre dragon à terrasser.
- Si, à ce jour, chacune de ces sociétés reste gigantesque, c'est Apple qui se taille la part du lion. Malgré cela, elle parvient à maintenir son image de pirate brandissant un drapeau noir.

JOBS CONTRE GATES

On dit souvent qu'il faut être proche de ses amis et plus encore de ses ennemis. La relation entre Steve Jobs et Bill Gates, le patron légendaire de Microsoft, a toujours été particulière. Les deux hommes ont entamé leur carrière au milieu des années 1970 et ont été de redoutables adversaires commerciaux, dotés de personnalités contrastées. Jobs, pour sa part, avait tendance à s'en prendre violemment à la fois à Microsoft, sur un plan professionnel, et à Gates, sur un plan personnel. Malgré cela, une amitié – parfois houleuse – finit par naître, enracinée dans un respect mutuel pour ce que faisait l'autre.

À dire vrai, les deux leaders abordaient leur mission très différemment. Alors que Jobs considérait les ordinateurs comme le moyen de s'émanciper individuellement, Gates y voyait un outil pour entreprendre et un moteur du commerce. Chacun d'entre eux savait pourtant qu'une coopération entre eux ne pourrait que renforcer leurs positions respectives. Ainsi, en 1982, Jobs persuada Microsoft – qui venait de produire le système d'exploitation du PC d'IBM – de créer un programme de tableur, de base de données et de traitement graphique pour le Mac.

Malgré cela, leurs relations s'envenimèrent sérieusement dès l'année suivante. Alors que Gates annonçait la sortie imminente de Windows, Jobs l'accusa d'avoir volé l'interface graphique du Mac. On raconte que Gates lui fit alors cette réponse : « Je crois qu'il y a une autre façon de voir les choses. Xerox était notre riche voisin à tous les deux et, quand je suis entré chez lui pour lui voler sa télévision, j'ai découvert que tu l'avais déjà emportée. »
La situation ne s'arrangea pas avec l'essor de Microsoft. Pour Jobs, il devait être insupportable de constater qu'Apple avait bien plus besoin de Microsoft et de ses logiciels incontournables, Word et Excel, que l'inverse. D'ailleurs, les deux sociétés enrichirent les avocats durant des années à l'occasion de contentieux incessants sur des brevets.
À plusieurs reprises, Jobs n'hésita pas à agresser personnellement Bill Gates, en déclarant notamment que celui-ci aurait été « un type plus ouvert d'esprit s'il avait pris de l'acide une fois dans sa vie ou s'il s'était rendu dans un ashram quand il était plus jeune », ou encore en confiant à un journaliste : « Le problème avec Microsoft, c'est qu'ils n'ont aucun goût. Je ne dis pas un peu, je dis vraiment aucun goût. Ils n'ont pas d'idées originales et ils n'intègrent pas beaucoup de culture à leurs produits. »

Mais Gates jouerait un rôle important dans le sursaut que connaîtrait Apple après le retour de Jobs, en 1997. Alors que la majorité du secteur estimait que les beaux jours de la marque à la pomme étaient derrière elle, Microsoft acquis une participation de 150 millions de dollars dans le capital d'Apple et accepta de continuer à développer des produits pour le Mac. Jobs l'en remercia publiquement. Malgré cela, quand une image gigantesque de Bill Gates s'afficha à l'écran au cours de la Macworld Convention de cette année-là, l'assemblée des disciples d'Apple se mit à le huer spontanément. Un exemple saisissant d'ingratitude, qui en dit long sur l'animosité qu'avait entretenue Jobs à son encontre pendant des années.

Mais, avec le temps, les deux hommes parvinrent à prendre du recul sur leur parcours ; dans le cas de Gates, celui-ci inclut le titre de premier philanthrope mondial – une réussite peut-être plus grande que celle que lui a valu son activité de concepteur de logiciels. Au bout du compte, leur bataille ne connut aucun perdant, chacun étant considéré comme un acteur à part entière de la révolution technologique qui ébranla la planète à partir des années 1970, chacun ayant amassé une fortune colossale et chacun ayant ouvert une brèche indéniable dans l'univers.

En 2007, ces deux ennemis intimes se retrouvèrent côte à côte lors de la conférence « D : All things Digital » organisée par le *Wall Street Journal* et se montrèrent notoirement aimables l'un vis-à-vis de l'autre. À cette occasion, Bill Gates dit de Jobs : « Son mode opératoire est unique et, en un sens, magique. » Et tandis que Steve Jobs était en phase terminale de son cancer, Bill Gates lui rendit visite chez lui ; les deux hommes évoquèrent pendant plusieurs heures leurs idées et leurs carrières, avec leurs hauts et leurs bas.

Après la mort de Jobs, Gates déclara : « Steve et moi, nous nous sommes rencontrés il y a presque trente ans et nous avons été collègues, concurrents et amis pendant plus de la moitié de nos vies. Le monde a rarement vu des individus qui ont eu autant d'influence que Steve et dont les effets seront encore perceptibles par de nombreuses générations à venir. »

La rivalité qui exista entre eux incita sans aucun doute Steve Jobs et Bill Gates à gravir de nouveaux sommets, mais l'humanité en tira un grand bénéfice.

20.

Encaissez les coups

« Les guerres concernant le PC sont derrière nous.
Terminées. Microsoft les a remportées il y a très longtemps.
Occupez-vous du prochain truc formidable. »

STEVE JOBS

La longue liste des succès de Steve Jobs a tendance à nous faire oublier qu'il a essuyé quelques revers de nature à abattre des tempéraments moins solides que le sien. Mais, après chaque chute, il s'est remis en selle, démontrant ainsi une force de caractère hors du commun. Il paraît juste d'affirmer que, plus que toute autre expérience, le fait d'avoir été poussé vers la sortie par la direction d'Apple, en 1985, ébranla énormément Jobs. Plus tard, il comparerait ce revers à un coup de poing dans le ventre qui lui avait coupé le souffle. Mais, plutôt que de pleurer sur son sort – ou de profiter des fruits de son travail sur une île paradisiaque quelconque –, il décida vite qu'il avait encore des choses à faire dans la vie et se mit en quête de nouvelles opportunités. Cette réaction reflète bien l'énergie inépuisable dont il bouillonna jusqu'à sa mort.

Il ne faut pas oublier qu'à cette époque Jobs avait tout juste trente ans. Il affirma à ceux qui voulaient l'entendre qu'il sentait qu'un grand ordinateur au moins sommeillait encore en lui – un des rares cas où il se sous-estima, ainsi que le prouva l'avenir. Par conséquent, ayant perdu sa première société, il en fonda rapidement une autre, toujours dans le domaine des ordinateurs, qu'il dénomma NeXT (« Suivant ») – une déclaration officielle de son intention d'aller de l'avant. Par ailleurs, il acquit une entreprise presque anonyme, qui produisait des trucs dans le domaine du graphisme et qu'il finirait par rebaptiser Pixar. Le vendeur s'appelait George Lucas, dont l'épopée du *Star Wars* avait presque autant bouleversé l'industrie cinématographique que Jobs le secteur informatique.

Alors qu'Apple avait toujours été un partenariat, NeXT fut la chose de Steve Jobs. Il se trouvait donc totalement libre de ses mouvements et s'impliqua dans tout ce qu'entreprit la société. En particulier, il eut la vision d'un ordinateur « tout en un », qui aurait la forme élégante d'un cube. Mais il devint vite évident qu'une telle machine, alliant haute performance et esthétique révolutionnaire, n'était pas pour demain et ne serait pas donnée. Plus problématique encore, il n'était absolument pas certain qu'il existât même un marché pour un tel produit s'il finissait un jour par être commercialisé.

Le NeXTcube fut lancé en 1988 au « prix d'ami » de 6 500 dollars – celui-ci s'alourdissant encore si l'utilisateur se laissait tenter par son kit complémentaire. Malgré l'habileté médiatique de Jobs et de sérieux appuis financiers, les ventes de cet ordinateur stagnèrent autour de

50 000 unités au cours des quatre années suivantes. Les bénéfices ne furent tout simplement pas au rendez-vous et personne n'eut besoin d'expliquer à Jobs que le NeXT ne serait pas le nouvel Apple.

Dès 1993, l'entreprise s'était totalement désengagée du marché du hardware pour se concentrer exclusivement sur celui du software – même si Tim Berners-Lee se servit d'une machine NeXT pour programmer les bases du WorldWideWeb moderne. En parallèle, l'investissement de Steve Jobs dans la société Pixar ne semblait pas plus profitable à long terme. Tandis que l'entreprise se débattait pour trouver des débouchés à ses logiciels sans nul doute avant-gardistes, Jobs décida d'adopter une stratégie très risquée : Pixar allait se concentrer sur le cinéma d'animation, un secteur qui n'était pas connu pour sa stabilité. Peu impressionné par la perspective de devoir présider à l'effondrement de la société, il se montra par ailleurs impitoyable et n'accepta de continuer à la financer qu'en échange de la quasi-totalité de ses actions.

En 1993, le *Wall Street Journal* évoqua les péripéties de Jobs et sa « chute brutale de son très noble perchoir ». À l'époque, l'issue paraissait certaine, mais, comme aurait pu le dire Mark Twain, les rumeurs concernant la mort de Jobs étaient très exagérées. Si son périple allait sans doute être chaotique, l'homme était déterminé à rester en selle.

« Ce qui était magique chez Steve, c'est que tandis que les autres acceptaient tout bonnement le statu quo, lui voyait le véritable potentiel de tout ce qu'il touchait et ne faisait jamais aucun compromis sur cette vision. Il laisse derrière lui une famille incroyable et un héritage qui continuera de parler aux gens pendant des années. »

GEORGE LUCAS

21.

Transformez l'adversité en avantage

« Pour guérir, il faut qu'Apple se sorte de son ornière grâce à l'innovation. »

STEVE JOBS

Quelle prouesse remarquable a accomplie Jobs en surmontant une période aussi difficile, avant de connaître une longue phase de succès qui éclipsa les plus grandes heures de son premier mandat au sein d'Apple. L'une des raisons principales de ce tour de force tient à sa capacité étonnante à transformer l'adversité en avantage.

Malgré les circonstances infamantes dans lesquelles il quitta Apple la première fois, Steve Jobs finit par considérer son « licenciement » (ce fut ni plus ni moins le cas) comme l'une des expériences les plus formatrices de sa vie. S'il en vint à cette conclusion, c'est surtout parce que cet épisode l'amena à assouplir son style managérial au sein de NeXT, à réaliser des choses réellement extraordinaires avec Pixar et à rencontrer l'amour de sa vie. L'homme qui retourna chez Apple, en 1997, était un individu plus équilibré que celui qui en avait claqué la porte une douzaine d'années auparavant. Comment a-t-il développé une telle aptitude à renaître de ses cendres ?

▷ Même si Jobs et Apple seront toujours synonymes, c'est avec Pixar que l'Américain connaîtra la gloire véritable. Le facteur déclencheur de ce succès planétaire fut la signature d'un contrat avec Disney, qui permit à ce petit poisson de faire équipe avec le géant du cinéma à l'occasion de la réalisation d'un film, *Toy Story*. L'accueil que réserva le public, mais aussi la critique, à cette production, en 1995, fut si enthousiaste que Jobs lui-même dut en être sidéré. Pixar venait de trouver sa niche et enchaîna par la suite les triomphes.

En homme d'affaires averti, dès qu'il comprit que *Toy Story* atteindrait des records d'entrées en salle, Steve Jobs prépara l'introduction en Bourse de Pixar, et ce, malgré les comptes de la société qui, année après année, avait accumulé les pertes. Un tel pari, typique du culot dont Jobs savait faire preuve, peut paraître fou, mais la bulle du « dot.com » en était à ses prémices et les candidats se pressaient pour investir dans le secteur de la technologie. Aussitôt après la cotation, à la faveur d'une hausse brutale du cours des actions de la société, la valeur de la participation de Jobs dépassa brièvement le milliard de dollars. En définitive, l'opération ne fut pas si inconsidérée, puisqu'au moment de son décès Jobs devait sa fortune autant à Apple qu'à Pixar. Lorsqu'il vendit cette dernière pour 7,4 milliards de dollars à Disney, en 2006, sa propre part dans le gâteau se montait à 3 milliards de dollars, ce qui fit de lui le plus gros actionnaire individuel de Disney.

- Après s'être fait abruptement virer d'Apple, Jobs avait créé une entreprise informatique qui n'avait pas réussi à révolutionner la planète et avait présidé à la naissance d'une société de production cinématographique, qui s'apprêtait à le faire. Un état des lieux certes mitigé, mais qui le maintenait dans la course.
- Apple, quant à elle, était en perte de vitesse. Le lancement triomphal du package Windows 95 par Microsoft força encore le trait en creusant largement l'écart avec son concurrent historique. Symbole de cette chute de la Pomme, certains de ses ordinateurs s'étaient mis à prendre feu à cause de batteries défaillantes. Apple avait plus que jamais besoin d'un capitaine clairvoyant pour prendre les commandes du navire. Son malheureux président, John Sculley, avait quitté la société en 1993 et, tel un sombre prédicateur, Jobs avait fait part au magazine *Fortune* de ses plans pour sauver du déclin l'entreprise qu'il avait fondée, si seulement quelqu'un voulait bien avoir le bon sens de l'écouter…
- La surprise ne fut donc pas totale quand on le contacta pour qu'il revienne, en 1996. Mais il n'était pas encore tout à fait prêt à enterrer la hache de guerre. Si NeXT n'était en aucun cas le plus beau fleuron du CV de Jobs, l'homme était capable de transformer en or tout ce qu'il touchait. Et c'est exactement ce qu'il fit. Il persuada Apple de racheter NeXT pour quelque 400 millions de dollars, soit environ huit fois

plus que le chiffre d'affaires qu'elle avait jamais réalisé. Près du tiers de cette somme tomba directement dans l'escarcelle de Jobs, ainsi qu'un bon paquet d'actions Apple. Jobs avait retrouvé la place qu'il n'avait jamais voulu quitter et il était plus riche que jamais. Un bilan pas si tragique pour dix ans et quelque de traversée du désert...

« Parfois, la vie vous flanque un bon coup sur la tête. Ne vous laissez pas abattre. »

STEVE JOBS

22.

Sachez passer à l'étape suivante

« Les produits craignent ! Il n'y a plus de sexe dedans ! »

STEVE JOBS

En 2006, MSNBC rapporta ces paroles de Steve Jobs : « Je crois que, quand vous faites quelque chose et que le résultat n'est pas mal, il faut ensuite que vous réalisiez quelque chose de merveilleux, au lieu de vous appesantir dessus trop longtemps. Imaginez plutôt la suite. »

Nombreux sont les grands abonnés au succès qui partagent cette philosophie, quelle que soit leur discipline. Songez, par exemple, à Sir Alex Ferguson, dont la soif de réussite reste intacte malgré des décennies passées à récolter les honneurs dans le domaine qu'il s'est choisi. Cet homme est sans doute l'entraîneur le plus titré dans l'histoire du football anglais. Depuis 1986, il est aux commandes de Manchester United – un club régulièrement cité comme bénéficiant du plus gros budget et des plus ardents supporters. Dans une interview accordée au magazine *FourFourTwo* en 1999, Ferguson a fait une confidence, que Jobs n'aurait probablement pas désavouée : « Remporter un trophée ne représente pas grand-chose pour moi une fois que c'est fini… Sur le coup, c'est ce qui compte le plus. Mais dès que c'est passé on l'oublie vite. Ou, plutôt, on ne l'oublie pas, mais ça se dissipe. C'est l'étape suivante qui est importante et ici, on a ce genre de mentalité. Dès qu'ils réussissent, on apprend aux joueurs à passer à la suite. »

Ce processus de réajustement constant a également été évoqué par le chanteur favori de Steve Jobs, Bob Dylan, dans « It's Alright, Ma (I'm only bleeding) » : « He not busy being born is busy dying » (« Celui qui ne s'emploie pas à naître s'emploie à mourir »). Dans son désir de rester dans la course, Jobs devint expert dans l'art d'abandonner un travail qu'il jugeait mal parti pour retourner à la case départ. Selon lui, faire du bon boulot consistait à revoir constamment ce qu'il avait déjà produit, quitte à opérer des coupes sombres. Selon ses propres termes : « Je suis en réalité aussi fier de ce que nous n'avons pas fait que de ce que nous avons fait. L'innovation, c'est dire "non" à un millier de choses. »

Ce principe du retour aux fondamentaux prôné par Jobs fut amplement mis en œuvre lorsqu'il retrouva Apple, tout d'abord en qualité de conseiller auprès de Gil Amelio qui avait été nommé à la tête de la société en 1996, puis en tant que PDG par intérim à partir de septembre 1997 – ce statut d'intérimaire lui donnant l'occasion de s'autoproclamer iPDG. L'une des premières tâches qu'il se fixa fut de réunir les grosses pointures de la société afin de tenter de découvrir ce qui ne tournait pas rond. Le résultat fut assez simple : les produits qui avaient fait le succès d'Apple n'étaient plus au niveau. Fort peu diplomatiquement, Jobs alla même jusqu'à déclarer qu'ils « craignaient ». Il raconta qu'il avait passé plusieurs semaines à essayer de comprendre pourquoi il achèterait un produit plutôt qu'un autre, pour en conclure que, si lui-même n'arrivait pas à l'expliquer, ce n'était pas les clients d'Apple qui en seraient capables.

Il s'employa ensuite à reconstituer son équipe et à dégraisser les effectifs. Puis il se débarrassa de la branche imprimantes d'Apple et arrêta plusieurs lignes de produits, dont certains projets HigHProfile tels que le Newton, un petit ordinateur de poche. Il était temps que la firme à la pomme se concentre sur un nombre limité d'objectifs afin de les satisfaire à la perfection, comme elle l'avait fait par le passé, quitte à jeter à la poubelle un millier d'idées honorables et n'en retenir qu'une seule vraiment géniale. Globalement, la gamme de produits se limiterait à un ordinateur de bureau et à un ordinateur portable pour le marché des entreprises et celui des particuliers.

Personne n'aurait dû être surpris par la rigueur du grand ménage entrepris par Jobs. Dès 1985, il avait confié à *Playboy* que, pour vivre de manière créative, il fallait être prêt à balancer ce qu'on avait fait ou ce qu'on était.

« Parfois, les gens ont des objectifs dans la vie. Steve Jobs a dépassé tous ceux qu'il s'est fixés. »

STEVE WOZNIAK

23.

Ayez une longueur d'avance

« Pour nous, c'est toujours le rêve suivant. »

STEVE JOBS

Ce désir de se réinventer constamment était associé à une aptitude étonnante non seulement à repérer les tendances, mais aussi à les créer. En 2007, durant la conférence de « All Things Digital », il lança : « Inventons ce que sera demain au lieu de nous inquiéter de ce qui s'est passé hier. »

Restez en mouvement

Bien décidé à rester créatif et tout aussi résolu à maintenir les profits, Steve Jobs eut toujours le souci de ne pas s'assoupir. Saisissant l'opportunité de décocher quelques flèches à Microsoft et à IBM, il tenta un jour d'expliquer les raisons pour lesquelles Apple les avait dépassés : d'après lui, ces sociétés s'étaient montrées très innovantes jusqu'à ce qu'elles atteignent une position relativement dominante sur le marché. À ce stade, disait-il, la qualité de leurs produits devint une préoccupation secondaire par rapport à la croissance de leur chiffre d'affaires. Voilà pourquoi, concluait-il, les dirigeants d'origine avaient fini par être débordés par les commerciaux – ceux qui étaient les plus aptes à influer rapidement sur le chiffre d'affaires – au détriment des designers, des ingénieurs et des rêveurs.

Surveillez vos concurrents

Au début des années 2000, Apple eut besoin de recharger ses batteries. Son Power Mac G4 se vendait mal et son iMac n'avait plus rien d'exceptionnel. La société recherchait désespérément un produit qui rétablirait son image d'« ouvreur de brèche ». C'est dans ce contexte que Jobs connut l'une de ses fameuses étincelles.

Comme tous les autres acteurs du secteur technologique, il était parfaitement conscient du nombre croissant de sites Internet de partage de fichiers, qui fleurissaient dans la plus grande anarchie et alimentaient un public avide de médias bon marché, accessibles par ordinateur. Les fabricants répondaient à cette demande en équipant leurs machines de logiciels CD et DVD de niveau correct. Il existait par ailleurs toute une série de lecteurs MP3 – en pratique, les nouveaux baladeurs de l'ère numérique. Mais, lorsque Jobs examina le marché de plus près, il en conclut que l'offre existante était loin d'être à la hauteur.

Pour Apple, l'heure était venue de se diversifier. Jobs décida qu'elle devait produire le meilleur des lecteurs de musique numérique, une machine qui dominerait l'arène des baladeurs, à l'instar de ce qu'avait réalisé les walkmans et les discmans dans les années 1980 et 1990. La technologie nécessaire était déjà disponible, mais Jobs entendait l'adapter à un gadget de conception si géniale et d'utilisation si jouissive (en réalité, un outil incomparable à tout ce qui avait déjà été inventé) qu'il éclipserait tous les autres MP3. Son plan consistait à exploiter ce qui existait déjà et à le pétrir jusqu'à en faire quelque chose de plus performant, de plus efficace et de plus beau.

En 2010, Jobs déclarerait à propos de l'iPhone 4.0 : « Nous ne serons pas les premiers à entrer dans la danse, mais nous serons les meilleurs. » Il aurait pu dire exactement la même chose de l'iPod dix ans plus tôt. Une façon de faire typique de Jobs – l'expression d'un homme qui s'envisageait moins comme un inventeur que comme un affineur. Lui-même le reconnaîtrait : « Nous n'avons jamais eu honte de voler les excellentes idées. » C'est ainsi que naquit l'iPod.

Repérez les ouvertures du marché

Comme nous l'avons vu dans « Comment créer un classique du design en un clin d'œil » (voir p. 119), l'iPod devint immédiatement un *must*. Mais sa réussite commerciale ne fut pas instantanée. Au moment de son lancement, en 2001, il n'existait, en vérité, que deux moyens de télécharger des morceaux sur cet outil : soit en les enregistrant à partir de sa propre collection de CD, soit en se les procurant de manière illicite sur Internet. Conscient que l'industrie musicale redoutait l'implosion, Jobs connut un nouveau moment d'inspiration. Il demanda aux grandes maisons de disques si elles pouvaient envisager de donner accès aux œuvres de leurs artistes, contre une redevance modeste, par le biais d'une boutique en ligne gérée par Apple au moyen d'une technologie existante : iTunes. Bien sûr, certains artistes décidèrent de ne pas y contribuer – en particulier les Beatles ou des groupes aussi connus qu'AC/DC – mais, une semaine après son lancement, iTunes vendait déjà un million de chansons. Cette initiative fut une bouée de sauvetage pour l'industrie musicale. Et, ce qui importait bien plus à Jobs, un énorme succès pour Apple.

À trente ans, Jobs avait fait allusion au grand ordinateur qui sommeillait encore en lui. Désormais, dans la quarantaine, il venait d'enchaîner l'iPod à la suite de l'iMac. Ceux qui avaient sonné la marche funèbre de la Pomme quelques années auparavant voyaient désormais en cette société un acteur commercial presque sans concurrence. Le second souffle suscité par Steve Jobs perdurait. L'iPhone multifonctionnel vint au secours de tous ceux qui commençaient à crouler sous les gadgets, avec son écran tactile qui appartenait tout récemment encore à l'univers de la science-fiction. « Je ne veux pas que les gens l'envisagent comme un ordinateur, déclara Jobs à son propos. J'y vois pour ma part la réinvention du téléphone. » Ainsi, l'homme qui admirait tant Edison avait dépassé son maître.

Si, au départ, en 2010, personne ne fut véritablement sidéré par l'arrivée de l'iPad (une tablette tactile), les consommateurs en vinrent à l'adorer du fait des jeux, de la musique et des sites Internet auxquels il leur donnait accès, mais aussi et surtout de la bibliothèque qu'il pouvait contenir. Ayant atteint un âge auquel tout le monde aurait pu comprendre qu'il ralentisse, Jobs avait fait exactement le contraire. Apple n'était plus seulement un fabricant d'ordinateurs de premier plan, elle était devenue, pour la planète entière, un colosse du secteur de la technologie.

CHARGER SON IPOD COMME STEVE

X

Combien de fois le destin d'un amour naissant s'est-il trouvé suspendu au contenu d'une discothèque ? Depuis l'époque du vinyle, nous jaugeons l'autre à l'aune de la musique qu'il écoute. L'arrivée de l'iPod n'a fait que simplifier ce processus d'évaluation des goûts des autres. Alors, qu'aurions-nous découvert dans la *playlist* de Steve Jobs ?

Indubitablement, ses choix sont le reflet de son ancrage dans la contre-culture et le mouvement hippie, en vogue sur la côte Ouest des États-Unis, dans les années 1960. Mais d'autres entrées suggèrent également un penchant pour quelques bêtes de scène, remplisseurs de stades (U2, Green Day), ainsi que pour des fonds sonores plus adaptés à des dîners entre amis (Moby, Seal).

On y trouve une bonne dose de Beatles et de Rolling Stones, Jobs admettant une préférence pour les premiers quand on le poussait dans ses retranchements. À noter également Joan Baez, qui sortit quelque temps avec Jobs, au début des années 1980. Mais celui qui occupait le plus de mémoire dans son iPod (avec une quinzaine d'albums téléchargés !) reste Bob Dylan, qui eut jusqu'au bout sa préférence. Jobs confia à Walter Isaacson, son biographe, que sa chanson préférée était « One too many mornings ».

Jobs appréciait aussi la musique classique et était spécialement amateur des *Variations Goldberg* de Bach – cette œuvre ayant, durant sa jeunesse, servi de fond sonore à un fameux *trip* à l'acide dans un champ de blé. En outre, l'homme admirait le violoncelliste Yo-Yo Ma dont il dit, après l'avoir vu jouer en concert, qu'il était la meilleure justification de l'existence de Dieu qu'il ait jamais entendue.

Voici une liste d'autres artistes que diffusèrent les inimitables oreillettes blanches de l'iPod de Steve Jobs : 10 000 Maniacs, Black Eyed Peas, Johnny Cash, Donovan, The Doors, Aretha Franklin, Grateful Dead, Jimi Hendrix, Buddy Holly, Jefferson Airplane, Janis Joplin, BB King, John Mayer, Don McLean, Joni Mitchell, The Monkees, Simon and Garfunkel et Talking Heads.

24.

Créez un espace de créativité

« Le système, c'est qu'il n'y a pas de système. »

STEVE JOBS

Quand il retrouva Apple, Jobs était sans doute un dirigeant d'entreprise plus avisé qu'il ne l'était avant son départ. Sans doute l'effet des leçons apprises au sein de NeXT, mais aussi, et peut-être plus encore, grâce à son expérience chez Pixar. Les subtilités de l'animation numérique n'étant pas son fort, il savait qu'il y avait là-bas des gens très doués pour cet art et sur lesquels il pouvait s'appuyer. Pour la première fois de sa vie, il dut apprendre à diriger sans faire preuve d'ingérence. En d'autres termes, il découvrit qu'il était capable de faire confiance à d'autres pour livrer un produit.

Par ailleurs, Jobs adopta un comportement plus mature à l'égard de ses collègues, même s'il ne put éviter des éruptions occasionnelles. Ainsi, lorsque après son retour il exigea qu'Apple procède à une série de licenciements, il mena l'opération avec beaucoup plus de délicatesse et de compassion que celles qu'il avait affichées lors d'un précédent plan social chez Pixar, cinq années plus tôt. Mais Jobs envisageait aussi ses entreprises comme des lieux de collaboration et n'hésitait pas à dispenser des bons points quand il les estimait mérités. À l'époque où il était responsable du projet Mac, il avait ainsi reconnu que l'équipe d'ingénieurs et de designers qu'il avait sélectionnée était le véritable moteur de la machine. Selon lui, sa propre mission consistait à leur aménager un espace, pour les protéger des exigences qu'impose la gestion d'une société, afin qu'ils puissent se concentrer sur le processus créatif.

Tout ce qu'il demandait en retour, c'était que chacun s'efforce de faire de son mieux par devoir vis-à-vis de l'équipe, conscient qu'aucun individu ne pouvait réussir tout seul. Il citait les Beatles comme un modèle d'organisation collaborative, car il voyait dans les Fab Four un groupe dont chaque membre avait jugulé les mauvais côtés des autres pour produire une œuvre supérieure à la simple addition de leurs talents respectifs. Voilà, en résumé, ce dont il rêvait pour Apple.

« Steve Jobs fut le plus grand inventeur depuis Thomas Edison. Il a mis le monde à portée de nos doigts. »

STEVEN SPIELBERG

CONSTRUIRE UN FOYER

Comme tout un chacun, Jobs n'ignorait pas que, si l'on prévoit d'investir beaucoup de temps et d'énergie dans le recrutement des meilleurs éléments et dans leur formatage pour en faire une équipe qui gagne, il serait absurde de lésiner sur l'élaboration d'un environnement propice à leur épanouissement. Même aux débuts d'Apple, Steve Jobs se démena pour aménager des locaux aussi favorables au professionnalisme et à la créativité que pouvaient le permettre ses moyens financiers. Depuis 1993, le siège social d'Apple est situé au Apple Campus – 1 Infinite Loop – à Cupertino, en Californie, un quartier dont les liens avec la société remontent à la fin des années 1970. Construit par la Sobrato Development Company, le campus occupe près de 79 km^2, sachant qu'Apple a racheté plusieurs autres bâtiments dans Cupertino pour héberger ses effectifs en augmentation constante. Doté de vastes espaces verts, le campus – comme le suggère aussi son nom – évoque bien plus une université, un lieu où des esprits créatifs testent leurs limites, que le quartier général d'une société. Mais ce campus se révéla trop petit pour s'adapter au développement des activités de l'entreprise lors du second mandat de Jobs. Celui-ci décida donc de créer, toujours à Cupertino, l'Apple

Campus 2, dont il annonça le projet en avril 2006. C'est au cabinet d'architecture Norman Foster & Partners que revint la tâche délicate de dessiner les plans de ce projet visionnaire – le même cabinet qui fut chargé de la rénovation du Reischtag à Berlin, du Millenium Bridge à Londres et de l'aéroport international à Beijing. Le résultat s'apparente à une sorte de vaisseau spatial, constitué de verre et de métal sur quatre niveaux. Il est assez grand pour accueillir 13 000 employés et bénéficie d'une haute qualité environnementale.

Outre les bureaux et les laboratoires de recherches et de développement, le bâtiment profite de vastes espaces verts, d'une salle de spectacle de 1 000 places, d'une salle de gym, d'une centrale électrique pour alimenter le tout et même d'un verger – un rappel des origines d'Apple. Jobs qualifia cet ensemble de « meilleur immeuble de bureaux du monde ». Compte tenu du coût estimé des travaux (un demi-milliard de dollars), il n'était pas envisageable de bâcler le projet et, malheureusement, la première pierre n'avait pas encore été posée au moment du décès de Jobs. Il est peu probable qu'il soit terminé avant 2016. Quoi qu'il en soit, il constituera un hommage à la vision de Steve Jobs en matière de gestion d'entreprise.

25.

Consultez votre clientèle (mais pas trop)

« Nous avions la conviction que, si nous continuions à présenter à nos clients de très bons produits, ils continueraient à mettre la main au porte-monnaie. »

STEVE JOBS

Suivez votre instinct…

On dit que le client a toujours raison, mais l'attitude de Steve Jobs à l'égard de la clientèle d'Apple était plus complexe : d'une part, il s'attacha durant toute sa carrière à lui fournir des produits tellement supérieurs à ses attentes qu'elle n'aurait jamais imaginé en avoir besoin ni même envie ; d'autre part, il considérait qu'il avait le devoir d'en savoir plus qu'elle sur ce qui était possible et la meilleure façon d'y parvenir, de sorte qu'il ne lui demandait pas vraiment son avis.

Cette philosophie faisait écho à celle du Dr Land, de Polaroid, qui écrivait déjà en 1945 : « Je pense qu'il est maintenant bien établi que ni l'intuition du directeur des ventes ni même la réaction initiale du public ne sont des mesures fiables de la valeur d'un produit pour le consommateur. Très souvent, la meilleure manière de déterminer si quelque chose vaut le coup d'être fabriqué consiste à le réaliser, à le distribuer, puis à examiner, quelques années après la sortie du produit, s'il en valait effectivement la peine. »

L'étude de marché à laquelle Jobs se fiait le plus était celle du passage en caisse, après le lancement du produit. Des ventes faibles indiquaient un mauvais cheval et des révisions en perspective. Dans le même esprit, il ne laissait pas sans réponse les problèmes spécifiques signalés par les utilisateurs. Ainsi, quand il devint évident qu'un nombre important de Macs tombaient en panne après l'activation de Flash, Jobs imposa que ce logiciel ne soit plus installé sur la génération suivante des machines Apple, malgré la longue collaboration qu'il avait entretenue avec ses créateurs, Adobe.

Il resta toujours convaincu que la conception d'un produit n'était pas l'affaire des *focus groups*. À cet égard, il fit une remarque, devenue célèbre : « Vous ne pouvez pas simplement demander aux clients ce qu'ils veulent, pour ensuite essayer de le leur donner. Quand vous en serez à la fabrication, ils voudront autre chose. » Plus tard, il revint sur ce sujet : « Il ne s'agit pas de culture de masse et il ne s'agit pas de prendre les gens pour des idiots, ni encore de les convaincre qu'ils veulent quelque chose dont ils n'ont pas envie. Nous déterminons ce que nous voulons. Et je pense que nous pratiquons plutôt bien cette bonne discipline qui consiste à se demander si beaucoup d'autres gens vont aussi en avoir envie. C'est pour cela qu'on nous paie. »

Pour Jobs, le processus de conception devait partir de l'expérience utilisateur et procéder ensuite à rebours.

Ce travail revenait à un designer de génie, doté d'une imagination fabuleuse – ce n'était pas le boulot du consommateur.

… mais respectez vos clients

À l'occasion, une telle stratégie connaissait bien entendu des ratés (ce qui explique la raison pour laquelle nous avons un souvenir beaucoup plus vif du Mac et de l'iPod que du Lisa et du Cube), et elle agaçait parfois la base des supporters d'Apple. Jobs reconnaissait lui-même que le reproche que lui faisaient certains de ne pas écouter assez ses clients n'était pas sans fondement. En 2010 fut révélé un défaut embarrassant de l'iPhone 4 : selon la façon dont il le tenait, son propriétaire risquait de manquer des appels. À l'époque, Steve Jobs devait déjà faire face à de graves problèmes de santé et il fit une réponse devenue célèbre à un client qui s'en plaignait, en lui expliquant que sa réclamation était absurde et qu'il n'avait qu'à tenir son téléphone autrement. Si cette réplique ne fut sans doute qu'une manifestation de dépit, elle traduit bien la défiance du patron d'Apple à l'égard du jugement de ses clients.

Reste qu'au vu du nombre d'utilisateurs qui sont, aujourd'hui encore, convaincus que Jobs a toujours eu raison, il semble improbable qu'Apple lui-même, ou le consommateur, eût profité d'une démarche imposant de consulter le futur acquéreur au stade de la création du produit. Il paraît même illusoire de croire qu'un *focus group* aurait jamais pu songer à des objets aussi géniaux que l'iPod ou l'iPhone. D'une manière plus vraisemblable, une telle réunion de consommateurs aurait imaginé des outils beaucoup moins impressionnants. Fort heureusement, Jobs ne se contentait pas de satisfaire des attentes modestes. Comme il le demanda un jour à un journaliste : « Pensez-vous qu'Alexander Graham Bell fit des études de marché avant d'inventer le téléphone ? »

26.

Reinventez le marché

« Nous réfléchissons constamment à de nouveaux marchés que nous pourrions investir. »

STEVE JOBS

Non content de révolutionner la technologie accessible au grand public, Jobs s'employa parallèlement à revoir les conditions de sa commercialisation. Une boutique n'est rien d'autre qu'une boutique, direz-vous. Eh bien pas lorsque c'est Jobs qui s'en occupe. Les Apple Stores sont le symbole du chemin parcouru entre le geek qui décida, dans les années 1970, de construire des ordinateurs réellement performants et la personnalité internationale qu'il devint au XXIe siècle, quand il entreprit de modifier la nature même de notre rapport à la technologie.

Pendant son second mandat chez Apple, Jobs prit de plus en plus mal les difficultés matérielles qu'il rencontrait pour vendre, concrètement, ses produits au grand public. Il avait le sentiment que les détaillants traditionnels en matériel électronique n'étaient pas équipés pour présenter les articles de la Pomme sous leur meilleur jour, et il restait convaincu que le chaland serait disposé à payer un peu plus cher s'il pouvait voir la supériorité des produits Apple sur les autres. Or, le distributeur moyen, qu'il soit situé en centre ville ou dans une banlieue reculée, n'avait tout simplement pas vocation à fournir ce niveau de services commerciaux. En général, le consommateur se trouvait face à des rayons où s'empilaient des produits sous emballage, le prix étiqueté constituant le plus souvent l'argument décisif de son choix.

La première initiative de Steve Jobs pour faire évoluer cet environnement consista à conclure un marché avec une chaîne importante de distribution, CompUSA, aux termes duquel celle-ci s'engageait à consacrer 15 % de chacun de ses magasins au Mac et aux logiciels afférents. En outre, chaque boutique devait accueillir à temps partiel un commercial Apple, dont la mission exclusive était de présenter aux clients tout ce que le Mac pouvait leur apporter.

L'expérience s'avéra peu concluante. En termes de chiffre d'affaires, elle ne changea pas grand-chose aux perspectives d'Apple. C'est alors qu'en 2000 Jobs intégra à ses effectifs une recrue très habile en la personne de Ron Johnson, qui s'était taillé une brillante réputation en faisant de Target, une chaîne de magasins, une enseigne nationale de premier plan. Johnson reçut tous pouvoirs pour constituer une équipe de designers et d'experts en commerce de détail, chargée d'inventer une nouvelle expérience de consommation pour la clientèle Apple.

Moyennant de gros investissements pour s'offrir les services d'agences de design et de cabinets d'architecture de haut vol, cette initiative déboucha sur l'Apple Store – un concept commercial situé à des années lumière de l'entrepôt habituel des marchands d'électronique. Les deux premières boutiques ouvrirent leurs portes en 2001, aux États-Unis (à Tyson's Corner, en Virginie, et Glendale, en Californie). Impossible d'y trouver la moindre étagère croulant sous des cartons. Au lieu de cela, des escaliers en verre, des ouvrages métalliques de conception japonaise, des planchers luxueux, un éclairage dernier cri et d'élégantes tables en bois accueillant quelques produits disposés avec raffinement et répartis par fonction : un espace dédié à la musique, un autre à la photographie, un troisième à la vidéo, enfin un quatrième aux jeux.

À tout cela s'ajoutait le Genius Bar : un comptoir destiné non pas à la vente, mais à l'accueil de tous ceux qui, possédant déjà un produit Apple, souhaitaient le faire vérifier (ou, tout simplement, rencontrer d'autres disciples de la même chapelle). Par la suite, ces lieux seraient également dotés d'une salle de projection pour les présentations de la marque, et de salles de réunion pour les séances de formation et les ateliers. Et, lorsqu'un client se sentait prêt à franchir le pas, un employé lui apportait un point de paiement mobile, au lieu de devoir lui demander de patienter devant une caisse.

L'Apple Store le plus emblématique est celui de la Cinquième Avenue, à New York. À l'occasion de son ouverture, en 2006, des fans n'ont pas hésité à faire la queue toute la nuit devant ses portes pour avoir le privilège d'en être les premiers visiteurs et clients. Et ils ont adoré ce qu'ils y ont vu. Le nombre de ventes par mètre carré n'a pas tardé à dépasser celui du temple du shopping de Manhattan, le grand magasin Saks, dans un rapport de un à dix. Il existe aujourd'hui 400 boutiques réparties sur quatre continents et dans de nombreuses villes, l'Apple Store constituant désormais une excursion touristique à part entière. En fin de compte, ces espaces sont le reflet de la foi que plaçait leur fondateur dans un design simple et élégant, combiné à de superbes fonctionnalités. En tant que boutiquier, Steve Jobs a fait une autre brèche dans l'univers.

LES BREVETS DE JOBS

Lors de la mort de Steve Jobs, son nom était associé à plus de 300 brevets déposés auprès de l'office américain des brevets, l'USPTO (US Patent and Trademark Office). Tantôt enregistré comme titulaire unique, tantôt comme codétenteur au sein d'une équipe, il possédait un portefeuille de brevets qui couvre tous les domaines, depuis l'ordinateur à l'iPod en passant par les emballages et les adaptateurs électriques. Il déposa même deux brevets concernant la conception de l'escalier en verre caractéristique des Apple Stores. Mais son brevet le plus important est sans doute celui qui porte le numéro D285.687, c'est-à-dire celui du Mac, notamment parce qu'il marqua sa prise d'indépendance par rapport à Woz sur la scène technologique.

Ce souci méticuleux du dépôt de brevet montre que Jobs ne sous-estima jamais l'importance de la protection de sa propriété intellectuelle. Si, à l'instar de Picasso, il n'hésitait pas à emprunter à des tiers leurs idées de génie, il n'avait manifestement pas très envie que d'autres profitent des siennes. D'une manière inévitable, il fut impliqué dans une série de contentieux relatifs à des brevets. Et, d'ailleurs, en ce moment même, la validité de celui qu'on appelle le « brevet Steve

Jobs », qui couvre une grande part de la technologie de l'écran tactile sur laquelle s'appuie l'iPhone, est en cours d'examen par l'USPTO.

Par ailleurs, tous les brevets déposés par Jobs ne sont pas des réussites. Ainsi, chaque Mac devait à l'origine comporter un *puck* d'iMac – une souris en forme de palet –, dont les défaillances interdirent le véritable envol. Mais, en définitive, le secret d'un brevet n'est pas de donner à l'inventeur le temps de repérer laquelle de ses idées géniales se transformera en vache à lait, mais de protéger ses éclairs de génie afin qu'il puisse tirer profit de ceux qui s'avèrent finalement très rentables. Il suffit d'un ou deux succès pour que les gens oublient les échecs précédents.

27.

Trouvez l'équilibre entre vie privée et vie professionnelle

« Votre travail occupera une grande partie de votre vie et la seule façon d'être vraiment satisfait consiste à faire ce que vous considérez comme de l'excellent travail. »

STEVE JOBS

Si la vie professionnelle de Steve Jobs fut marquée par une réussite presque sans précédent, sa vie privée fut souvent beaucoup plus chaotique. Toute analyse de son caractère resterait incomplète si elle ne s'attardait pas sur l'influence qu'ont eue ses choix sur ses proches, pour le meilleur et pour le pire.

La rugosité qui s'exprima dans ses relations de travail ne fut pas non plus absente de son univers intime, surtout dans ses jeunes années. Avec la maturité, il en viendrait à exprimer de profonds regrets à propos de la froideur et pour tout dire l'ingratitude dont il avait fait preuve à l'égard de ses parents, lorsqu'il était parti étudier à Reeds. Bien qu'il fût conscient des sacrifices qu'ils avaient dû consentir pour l'envoyer en faculté, il prit congé d'eux en quelques minutes à peine avant de s'élancer vers les portes de l'établissement, tant il était impatient de s'inventer une nouvelle indépendance.

Une telle impétuosité n'est pas exceptionnelle chez les jeunes sujets et peu d'entre nous pourraient affirmer y avoir échappé. En revanche, sa réticence à reconnaître sa première fille, Lisa, née en 1978, paraît plus critiquable. Sa mère, Chrisann Brennan, dut ainsi recourir à l'aide sociale durant les premières années de l'enfant, Jobs refusant purement et simplement d'en admettre la paternité. Il fallut que la jeune femme ait recours à un test ADN pour la prouver.

Or, si le comportement de Jobs à l'égard de sa famille peut raisonnablement être mis sur le compte d'un égarement de jeunesse, une telle excuse semble moins recevable en ce qui concerne le refus d'assumer ses devoirs de parent. Même après que les résultats du test ADN, prouvant à 94 % que Steve Jobs était le père de l'enfant, il s'obstina à déclarer aux journalistes qu'il existait une incertitude sur ce point. Au bout du compte, il fallut qu'un tribunal se prononce pour qu'il accepte de verser une pension pour l'éducation de la petite. Une telle réaction semble d'autant plus rude qu'il avait lui-même été abandonné à la naissance, tout d'abord par ses parents biologiques, puis par sa première famille adoptive. Il faut aussi garder en mémoire qu'en 1978 l'Apple II était déjà commercialisé depuis un an et que Jobs n'était en aucun cas sans ressources. Fort heureusement, il finit par tisser des liens avec Lisa.

À d'autres périodes de sa vie, l'homme parut avoir trouvé un meilleur équilibre entre sa vie privée et sa carrière. L'exemple le plus marquant en est fourni par les circonstances de sa rencontre avec celle qui deviendra sa seconde femme, Laurene Powell. C'était en 1989 et Jobs s'était rendu à l'université de Stanford pour y faire une allocution aux étudiants. La jeune femme, alors en MBA, faisait partie de l'auditoire. Une fois le discours achevé, elle s'approcha pour échanger quelques mots avec l'orateur. Après une brève conversation, il regagna sa voiture et s'apprêtait à partir pour son rendez-vous suivant, mais... comme il le raconta plus tard : « Je me suis dit, si c'était ma dernière nuit sur Terre, préférerais-je la passer en réunion de travail ou avec cette femme ? » Ayant pris sa décision, il sauta du véhicule pour aller l'inviter à dîner. Le couple se maria en 1991 et eut trois enfants. Ils s'efforcèrent de mener une vie de famille aussi normale que possible, malgré les obligations de Jobs chez Apple qui le contraignaient à travailler incroyablement tard. S'il ne fut peut-être pas toujours un père exemplaire, ses enfants ont plus tard confié qu'ils réalisaient l'importance de son travail.

Le patron d'Apple évoqua souvent la nécessité de ne pas se disperser, de faire preuve d'une concentration sur l'objectif, frisant même l'obsession, pour accomplir de grandes choses. Certes, il se voua corps et âme à Apple et à son ambition de changer le monde, parfois au détriment de ses proches, mais, avec l'âge, cette situation se rééquilibra. Au moment de sa mort, il avait traversé dix ans de mariage et laissait derrière lui une famille qui l'aimait profondément. Parmi les leçons à tirer de sa vie, il y a peut-être le fait que, quels que soient nos efforts, nous ne pouvons pas tout avoir. Reste qu'après des débuts difficiles il n'est pas passé loin du but.

« Vous savez, ma principale réaction par rapport à toutes ces histoires d'argent, toute cette attention qu'il suscite, c'est d'en rire, parce que c'est sans doute la chose la plus insignifiante ou la moins précieuse qui me soit arrivée. »

STEVE JOBS

LE LUXE FAÇON JOBS

Pour un homme doté d'une fortune si colossale, Steve Jobs a mené notoirement une vie assez simple. Son domicile, par exemple, profitait d'un confort certes appréciable, mais en aucun cas opulent. Et compte tenu de son goût pour les jeans et les cols roulés, il fréquentait peu les boutiques de luxe.

Toutefois, dans les derniers mois de sa vie, il consacra une bonne part de son énergie à la conception, puis à la construction d'un yacht ultramoderne. Ce projet personnel, inhabituellement somptuaire, lui coûta entre 130 et 200 millions de dollars.

Le bateau, baptisé *Venus* en hommage à la déesse de l'Amour et de la Beauté, fut réalisé au chantier naval Feadship, à Aalsmeer, aux Pays-Bas. Feadship, l'un des grands noms de la construction navale de luxe, était l'entreprise idéale pour un tel défi. Fondé dans les années 1920 et jouissant d'une clientèle enviable, le chantier construisit dans les années 1990 un navire pour l'un des autres génies de la technologie moderne, Paul Allen, cofondateur de Microsoft.

Venus mesure près de quatre-vingts mètres de long et bénéficie d'une coque révolutionnaire, ultralégère en aluminium. Le long des coursives, une série de baies vitrées de trois mètres de haut évoquent les parois de verre typiques des Apple Stores. Le responsable de son design est l'architecte légendaire Philippe Starck. Il en réalisa les premiers plans en 2007 et les deux hommes se retrouvaient une journée, toutes les six semaines, pour en contrôler les progrès et procéder à des améliorations. Inévitablement, les principes directeurs en sont simplicité et minimalisme. De fait, le produit fini donne l'impression de sortir tout droit des ateliers Apple. Et sa passerelle est pourvue de sept iMacs vingt-sept pouces qui assurent la bonne marche du navire.

Pour Jobs, le fait de continuer à s'impliquer dans la réalisation du *Venus* en 2011 fut une façon de défier la mort un peu plus longtemps. Malheureusement, il s'éteignit avant d'avoir pu profiter de l'épure de son pont en teck. Mais, lorsque sa famille dévoila le yacht au public en octobre 2012, le navire avait fière allure – un jouet idéal pour celui qui aurait pu s'offrir tout ce qu'il voulait, mais qui choisit de s'en abstenir ou presque. Comme Starck le déclara lors d'une interview accordée à la BBC : « Steve et moi partagions les mêmes idées sur l'élégance de ce qui est minimal, l'élégance d'un travail bien fait. »

Steve Jobs : imaginer l'avenir sans lui

« Nous n'avons pas l'opportunité de réaliser beaucoup de choses et il faut que chacun soit vraiment excellent. Parce qu'il s'agit de notre vie. La vie est courte et ensuite on meurt, vous le savez ? »

STEVE JOBS

Steve Jobs fut un véritable coureur de fond. Son objectif n'était pas de séduire rapidement son public avant de tomber dans l'oubli : il voulait ni plus ni moins changer le monde pour toujours. L'œil constamment rivé sur le futur, il n'est pas étonnant qu'il ait beaucoup réfléchi à sa condition de mortel. Ainsi, en 2005, il avait conseillé aux étudiants de Stanford de ne pas gaspiller leur passage nécessairement temporaire ici-bas en « vivant la vie d'un autre » et les avait encouragés à suivre leurs propres aspirations et intuitions.

Il ne semblait pas terrifié par la mort. Pourtant, sa foi en l'existence d'une vie dans l'au-delà était vacillante et il déclara même, non sans humour, que ses doutes sur la question expliquaient pourquoi il n'avait pas voulu d'interrupteur « on/off » sur les produits Apple. Quoi qu'il en soit, la conscience de sa fin inéluctable lui fut une motivation supplémentaire pour continuer d'agir tant qu'il le pourrait. En 2005, soit deux ans après le diagnostic initial de son cancer, il déclara à un auditoire d'étudiants : « Me rappeler que je serai bientôt mort a été l'outil le plus important que j'aie jamais trouvé pour m'aider à prendre les plus grandes décisions de ma vie. Parce que presque tout – les attentes, la fierté, la peur du ridicule ou de l'échec –, tout cela s'efface devant la mort. »

De même qu'il avait pris la décision de tenter sa chance auprès de Laurene Powell après s'être interrogé sur ce qu'il aurait fait si ce jour avait été le dernier, il se demandait en permanence s'il serait heureux – au cas où il n'y aurait pas de lendemain – d'avoir fait ce qu'il s'apprêtait à entreprendre. Si la réponse était systématiquement « non » pendant une certaine période, il l'interprétait comme le signe qu'il fallait changer quelque chose.

Conscient du fait qu'il n'était pas éternel, il réfléchit avec soin à la meilleure façon de pérenniser ses réalisations professionnelles quand il ne serait plus là. Cette question représentait (et représente encore) un défi pour Apple dans la mesure où Jobs personnifiait la marque. En 2010, des chercheurs – Herminia Ibarra, Morten T. Hansen et Urs Peyer – publièrent une étude sur les performances de quelque deux mille PDG dans le monde entier. Leurs travaux portaient, entre autres, sur la valorisation de l'entreprise et la rentabilité pour ses actionnaires, moyennant certains ajustements pour tenir compte de sa situation géographique et de son secteur d'activité. Ils désignèrent Steve Jobs comme leur champion : sous son égide, entre son retour dans la société en 1997 et septembre 2009, Apple avait généré un rendement de 3 188 % et une plus-value de 150 milliards.

Steve Jobs lui-même ne sous-estima jamais son rôle au sein de la Pomme ni, d'une manière plus générale, l'importance de la mission d'un PDG. Il était convaincu que Polaroid s'était énormément fragilisé depuis qu'il avait évincé son fondateur, Edwin Land, en 1980, après près de cinquante ans à sa tête. De plus, Jobs avait été le témoin des difficultés d'Apple après son départ, en 1985. Avant de quitter la scène, il était donc déterminé à élaborer un plan. L'une des principales mesures qu'il prit en ce sens fut la nomination, en 2008, de Joel Podolny, doyen de la Yale Business School, aux commandes de l'Apple University. Cette université – une institution assez confidentielle destinée à la formation professionnelle des cadres – enseigne à ses élèves l'histoire, la culture, la vision et les procédures de travail d'Apple. En bref, tout ce qui a fait son succès. Elle a en quelque sorte vocation à leur apprendre à penser comme Steve Jobs.

Steve Jobs s'arrangea aussi pour passer la main et abandonner la gestion quotidienne de la société au bon moment, dans la dignité. Sa santé déclinant visiblement, il démissionna officiellement de son mandat de PDG, le 24 août 2011, par une lettre ainsi rédigée : « J'ai toujours dit que si un jour je n'étais plus en mesure de remplir mes devoirs et mes fonctions en tant que PDG d'Apple, je serais le premier à vous le faire savoir. Malheureusement, ce jour est arrivé… Je crois que les jours les plus brillants et les plus innovants d'Apple sont devant elle. »

Entouré de sa famille, Jobs mourut le 5 octobre de la même année, laissant derrière lui un patrimoine évalué à 7 milliards de dollars. L'annonce de son décès suscita une profonde tristesse à la fois chez ceux qui l'avaient rencontré personnellement et chez ceux qui n'en connaissaient que l'image publique. Spontanément, des veillées s'organisèrent devant son domicile, au siège social d'Apple, à Cupertino, et devant les Apple Stores de toute la planète. Ses funérailles, sobres et célébrées dans la plus stricte intimité, furent suivies d'une cérémonie funèbre à Cupertino, qui donna lieu à une vidéo de 81 minutes – intitulée « Celebrating Steve » (« Rendre hommage à Steve ») –, retransmise sur le site Internet d'Apple. Y assistèrent une liste impressionnante de personnalités du monde des affaires, des milieux de la politique et du show business. Bill Clinton et Bill Gates y côtoyèrent Bono, Al Gore et Joan Baez, tandis que des artistes tels que Norah Jones et Coldplay lui rendaient un dernier hommage musical.

Que dire de l'héritage qu'il nous laisse ? Certains analystes financiers réagirent à sa disparition en conseillant à leurs clients de vendre leurs actions Apple : la période faste est terminée, affirmèrent-ils, Monsieur Loyal est parti et le cirque n'y survivra pas. Bien sûr, sans lui, Apple n'est plus le même et certains se demandent s'il saura conserver son flair, même si l'on raconte que Jobs lui a légué un trésor d'idées et de plans – dont une télévision et des produits liés au nuage (le « cloud ») –, qui devraient faire ses beaux jours durant plusieurs années encore.

« Pour ceux qui ont eu la chance de travailler à ses côtés, ce fut un immense honneur. »

BILL GATES

Mais le paysage des affaires peut changer. Ce qui fait aujourd'hui partie de l'histoire, c'est que Jobs fut un géant, peut-être même *le* géant du secteur de la technologie, depuis les années 1970 jusqu'en 2010. Le jour de son décès, Apple a diffusé le communiqué suivant : « Le monde est incommensurablement meilleur grâce à Steve. »
Voilà donc l'homme qui se démena pour ouvrir une brèche dans l'univers. Il y parvint. Et puis il en ouvrit une deuxième, et une autre, et encore une autre…

« Tous les matins, je me regarde dans le miroir et je me demande : "Si aujourd'hui était le dernier jour de ma vie, est-ce que j'aurais envie de faire ce que je m'apprête à faire aujourd'hui ?" Et à chaque fois que la réponse est "non" durant plusieurs jours d'affilée, je sais qu'il faut que je change quelque chose." »

STEVE JOBS

Remerciements

Pour la rédaction de ce livre, j'ai eu accès à une somme extraordinaire de documents sur Steve Jobs. À cet égard, les archives de journaux d'informations tels que le *Wall Street Journal*, le *New York Times*, le *Times Magazine* et le magazine *Fortune* m'ont été particulièrement utiles.

Parue en 2011, la biographie de Steve Jobs par Walter Isaacson, *Steve Jobs : The Exclusive Biography*, Little Brown, éd. française, JC Lattès, traduit de l'anglais par Carole Delporte et Dominique Defert, m'a également fourni une source inestimable de renseignements, tout comme l'ouvrage de Steve Wozniak, *iWoz : Computer Geek to Cult Icon: How I invented the Personal Computer, co-founded Apple, and had fun doing it*, W.W. Norton & Company, 2006. Parmi les autres sources bibliographiques retenues, je citerai : *I, Steve: Steve Jobs In His Own Words*, par George Beahm, Hardie Grant Books, 2011 ; éd. française, *I, Steve. Intuitions, sagesses et pensées de Steve Jobs*, Michel Lafon. *Steve Jobs: The Man Who Thought Different*, par Karen Blumenthal, Bloomsbury Publishing, 2012, et *Return to the Little Kingdom*, de Michael Moritz, Duckworth Overlook, 2009.

Je remercie également mes deux éditeurs chez Michael O'Mara, Mathew Clayton, qui m'a confié cette mission, et Silvia Crompton, qui s'est assurée que je la menais à bien. Et, comme toujours, merci à toi, Rosie.

Table des matières

Édité par Hachette Livre (43, quai de Grenelle, 75905 Paris Cedex 15)

Imprimé par Rodesa en Espagne pour le compte des éditions Marabout.

Dépôt légal : Janvier 2014

ISBN : 978-2-501-08958-6

41.3532.3

Édition 01